Michael Stark · Peter Sandmeyer

Wenn die Seele neue Kraft braucht

Wie aus Urlaub und Freizeit Erholung wird

Rowohlt

1. Auflage September 2000

Umschlaggestaltung Walter Hellmann
Foto: Tony Stone Images/Steve Casimiro
Satz aus der Stone PostScript, QuarkXPress 4.0
bei UNDER/COVER, Hamburg
Druck und Bindung Clausen & Bosse, Leck
Printed in Germany
ISBN 3 498 06345 6

Vorbemerkung

Dieses Buch stammt von zwei Verfassern. Von beiden sind Urlaubs- und Lebenserfahrungen in den Text und die Tipps eingeflossen. Die wiedergegebenen Gespräche aber mit Patienten, Freunden, Kollegen und Mitarbeitern hat Michael Stark geführt. Da Gespräche etwas sehr Persönliches und Individuelles sind, haben wir uns entschlossen, sie in der Ich-Form zu schreiben und damit dem ganzen Buch die Form der Ich-Erzählung zu geben.

Die Fallgeschichten beruhen auf wirklichen Schicksalen. Zum Schutz der betroffenen Personen wurden alle Namen, Daten, Ortsangaben etc. so verändert, dass keine Rückschlüsse auf die tatsächlichen Fälle möglich sind.

Die Autoren danken Herrn PD Dr. Burkhard Andresen dafür, dass er ihnen die im 8. Kapitel verwendeten Persönlichkeitsfragebögen zur Verfügung gestellt hat.

Weitere Informationen können Sie im Internet über http://www.gesundheitshaus.net finden.

Inhalt

1 Anstelle eines Vorworts

«Gott sei Dank ist der Urlaub vorbei! Was ich jetzt brauche, ist Erholung.» Die Stimme am Telefon versuchte, heiter zu wirken, klang aber kläglich. Ich hatte ein paar dringende Probleme mit dem Kollegen zu klären und ihn deswegen gleich an seinem ersten Arbeitstag nach den Sommerferien angerufen.

Vier Wochen später traf ich ihn bei einem Vortrag wieder. Hinterher gab es einen kleinen Umtrunk. «Na, wieder einigermaßen erholt?», fragte ich. Er schien unser Telefongespräch vergessen zu haben. «Ach, der Urlaub», sagte er. «Er hat zwei Fehler: Er ist zu selten und zu kurz.»

Ich sah ihn verblüfft an.

«Kennst du die Bretagne?», fragte er. «Großartige Gegend. Das Meer dort – gigantisch! Und erst die Küche …»

«Merkwürdig», sagte ich. «Nach deiner Rückkehr wirktest du nicht so begeistert.»

Jetzt schien er sich an unser Gespräch vor vier Wochen zu erinnern. «Stimmt schon», sagte er. «Ich war in diesem Urlaub nicht besonders gut drauf.»

«Regen?», fragte ich. «Ölpest? Mieses Hotel? Auto aufgebrochen? Kreditkarte geklaut?»

«Schlimmer», sagte er. «Eigene Dummheit. Ich war vor dem Urlaub mit einer wichtigen Arbeit nicht fertig geworden und hatte meine Unterlagen mitgenommen. Dauernd dachte ich daran. Kennst du das, dass man da, wo man ist, nur teilanwesend ist und ständig Nebenprogramme im Kopf hat?»

Ich nickte. Und ob ich das kannte. Deutlich erinnerte ich mich eines Urlaubs, in dem mein ehemaliger Chef – mit dem ich gerade in einem harten Clinch lag – ein ungeliebter Begleiter war, der mich verfolgte wie mein Schatten ...

«Ich habe», der Kollege senkte seine Stimme, «manchmal abends mit der Taschenlampe über meinen Unterlagen gesessen.»

«Und deine Frau?»

«Schlief», sagte er düster. «Sie war meistens ziemlich fertig von der Fahrerei.»

«Fahrerei?» Ich begriff nicht.

«Ich hatte einen Camper gemietet», sagte er. «Wir wollten unabhängig sein. Uns viel angucken. Und da bleiben, wo es uns am besten gefällt. Früher habe ich mit meiner Frau im Urlaub lange Radtouren gemacht, Holland, Belgien, Frankreich – es war wunderbar. Wir waren jung und verliebt und arm und hatten nur uns und unser Zelt. Ich hatte es mir so ähnlich vorgestellt, nur komfortabler.»

«War es das nicht?»

«Doch. Aber auch heiß. Und eng für drei Personen. Man ist nicht mehr zwanzig.»

«Drei?»

«Unsere Tochter war mit. Aber sie hat nur gemault. Sie ist fünfzehn. Das Alter, wo sie nur an Jungs denken, abends in die Disko und morgens ausschlafen wollen. Ich wollte aber früh weiter, solange es noch nicht so heiß war. Zum Rumsitzen war ich auch zu unruhig.»

«Insgesamt klingt das nach einer ziemlichen Katastrophe», sagte ich.

«Na ja», erwiderte er, «man behält zum Glück die positiven Aspekte in Erinnerung. Die atemberaubenden Sonnenuntergänge, die wunderbaren Restaurants mit frischen Muscheln und Krustentieren. So ist der Mensch.»

«Warst du froh, als du wieder zu Hause warst?»

Er dachte nach. «Heilfroh. Und ziemlich fertig.» Dann fragte er: «Und du? Hast du dich gut erholt im Urlaub?»

Auf die Frage war ich nicht gefasst. «Es ging so», sagte ich.

Warum wich ich aus? War denn der Urlaub nicht ganz okay? Es gab immerhin blauen Himmel und Abendessen im Freien und Schwimmen im Meer. Aber dann sah ich den Morgen des vierten Urlaubstags wieder vor mir, vielleicht war es auch der fünfte: das unordentliche Hotelzimmer, die verstreuten Kleidungsstücke. Ich erinnerte mich an ein Dauergefühl von Müdigkeit und dumpfen Kopfschmerzen. Trotzdem musste ich aufstehen und zusammenpacken und meinen Koffer zum Hafen schleppen. Und morgen früh würde ich in einem anderen Hotelzimmer liegen, das genauso aussah, und würde mich ebenso fühlen wie heute.

Insel-Hopping – vor drei Monaten, mitten im deutschen Winter, schien mir diese Aussicht auf einen griechischen Sommerurlaub durchaus verlockend. Er klang nach Kurzweil und Abenteuer. Der Vorschlag kam von meiner Freundin, die lange öde Tage am Computer hinter sich und vor sich hatte und sich nach Abwechslung sehnte. Ich hatte keine Einwände – aber auch nicht die leiseste Ahnung, wie kaputt ich bei Urlaubsbeginn sein würde. Schwierige Fälle in der Klinik, finanzieller Ärger, der internationale Kongress, an dessen Organisation ich beteiligt war, und dann auch noch ein Trauerfall in der Familie: meine Energievorräte waren restlos aufgebraucht. Und jetzt in meiner Erholungszeit schleppte ich mich und meinen Koffer schwitzend von einem Hotel zum anderen, schlug mich mit unzuverlässigen Schiffsfahrplänen und unfreundlichem Personal herum, schaukelte auf vollen Fähren lustlos von einer Insel, für die ich kein Interesse aufbrachte, zur nächsten, für die ich auch kein Interesse aufbrachte – und war für meine Begleiterin so kommunikativ und kurzweilig wie ein Eremit. Für die Partnerschaft war dieser «Urlaub» eine harte Belastungsprobe.

«Nein», sagte ich dem Kollegen. «Ehrlicherweise muss ich zugeben: Besonders viel Erholung habe ich in meinem letzten Urlaub nicht hingekriegt.»

«Komisch», erwiderte er. «Zwei Experten wie wir und dann so was.»

«Ja», nickte ich. «Damit sollte man sich mal beschäftigen.»

2 Die Urlaubs-Lüge

Jeder sehnt sich nach Urlaub. Er ist für den modernen Menschen eine der größten Glücksquellen. Er verspricht Abstand vom Alltag und Freiheit von Zwängen. Urlaub bedeutet: Leben ohne Zeitdruck, Sorgenfreiheit, Unbeschwertheit, Genuss und Freude.

Jeder sehnt sich auch nach dem Resultat des Urlaubs. Eine große psychologische Untersuchung hat festgestellt, wie der Mensch am Ende seines Urlaubs sein will: voller Kraft, wie neugeboren, mit Elan, frisch und fit für den Alltag.

In der Sehnsucht nach Urlaub spiegelt sich die Realität des Alltags. Der wird immer härter. 85 Prozent der deutschen Manager, so hat eine Studie zur Jahrtausendwende ermittelt, sind «psycho-mental» belastet und vom «Burn-out»-Syndrom bedroht. Der Beruf des Managers gilt dabei als modellhaft: Immer mehr Menschen stehen ständig unter Zeit-, Entscheidungs- und Flexibilitätsdruck.

Diesem Druck kann nur standhalten, wer ausreichend Zeit für Erholung hat und diese Zeit richtig nutzt. Die größte Bedeutung hat der Urlaub – häufig die einzige Gelegenheit des Jahres, die auf Höchsttouren laufenden Aggregate des Menschen herunterzufahren, abzuschalten und die erschöpften Energiereserven wieder aufzufüllen.

Umfragen zeigen aber, dass viele Menschen diese Gelegenheit nicht richtig nutzen können.

Fast die Hälfte aller Urlauber, die unmittelbar vor ihrem Rückflug am Urlaubsort befragt wurden, gab an, mit dem Urlaub und dem erreichten Grad der Erholung nicht zufrieden zu sein. Als die gleiche Gruppe einige Wochen später noch einmal befragt wurde, sank der Anteil der Unzufriedenen auf 15 Prozent. Urlaub wird offenbar umso schöner, desto länger er her ist.

Freizeitforscher erklären diesen seltsamen Umstand mit einer Art «Glückszwang» im Urlaub. Die gesellschaftliche Konvention verlangt, dass Urlaub erfolgreich zu sein hat – also ist er erfolgreich. Die Urlaubsqualität muss vor dem Schwurgericht der Freunde und Kollegen bestehen können. Außerdem hat der Urlaub Geld gekostet, oft ziemlich viel. Niemand wirft sich gern eine Fehlinvestition vor.

Und selbst wenn alles, wofür man das viele Geld ausgegeben hat, die Investition nicht wert war – Schmutz am Strand, das Hotel laut, das Wetter schlecht –, dann bleiben immer noch die netten Leute, die man kennen gelernt hat, das spannende Buch, für das man endlich Zeit hatte, das opulente Frühstücksbüffet. Rückblick, so ist die Natur des Menschen, verklärt.

Daran gibt es wenig auszusetzen. Selbst bei geschönter Erinnerung und partiellem Gedächtnisverlust wird man das Hotel mit der lärmenden Disko und dem Dreck am Strand nicht zum zweiten Mal buchen.

Gefährlicher aber ist es, wenn die Ursachen mangelnder Erholung weniger offensichtlich sind. Wenn die Ruhe im Urlaub sich nicht eingestellt hat, obwohl sie von keinem Krach aus Disko oder Baustelle gestört wurde. Wenn man sich am Ende der «schönsten Wochen des Jahres» kaum weniger müde oder zermürbt fühlt als am Anfang – ohne aber genau zu wissen, weshalb.

Möglicherweise hat man mit dem Urlaub die falsche Erholungsstrategie gewählt. Doch auch dann wirkt sich schon bald nach der Rückkehr aus den Ferien der Rückblick als großer Schönfärber aus. Folge: Für Fehler, die man im Urlaub gemacht hat, droht Wiederholungsgefahr. Das Erholungs-Niveau im Leben sinkt, aber ein frommer Selbstbetrug verhindert die Korrektur.

Selbst ein schief gegangener Urlaub ist für viele Menschen nämlich eine positive Alternative zu einem Alltag, der immer stärker belastet. Die Hamburger «Forschungsgemeinschaft Urlaub und Reisen» hat die Urlaubsmotive der Deutschen und ihre Veränderung seit 1992 untersucht und dabei eine interessante Entdeckung gemacht: Motive wie «Flucht», «Aus dem Alltag herauskommen» haben offensichtlich an Bedeutung gewonnen; dies trifft ebenfalls zu auf die eher passiven Motive wie «abschalten», «ausspannen» und «frische Kräfte sammeln».

In Zeiten wirtschaftlicher Unsicherheit, so deuten es die Verfasser der Studie, wächst die Sehnsucht, der tristen Realität zu entfliehen; und der zunehmende Stress am Arbeitsplatz verbunden mit unterschwelliger Angst vor seinem Verlust führt dazu, «dass man im Urlaub wieder stärker das Bedürfnis nach Ausruhen/Abschalten verspürt als in den relativen Wohlstandsjahren der achtziger Jahre, wo es deutliche Anzeichen dafür gab, dass Erholung vor allem in vermehrten Aktivitäten während des Urlaubs gesucht wurde».

Das Abenteuer ruft, doch kaum einer kommt. Nur 0,4 bis 0,8 Prozent der Bundesbürger, so zeigt der Blick in die Reiseanalysen der Hamburger Forschungsgemeinschaft, gingen in den vergangenen Jahren regelmäßig klettern, tauchen oder anderen aktiven Urlaubsgestaltungen nach. Die große Mehrheit sucht im Urlaub vor allem anderen eins: Ruhe.

Viele Menschen reagieren also auf die kleinen und großen Erschütterungen unserer Gesellschaft mit seismographischer Empfindlichkeit und spüren ziemlich genau, welche Art von Erholung sie benötigen, um den Anforderungen ihres Alltags gewachsen zu bleiben. Sich nach etwas sehnen heißt aber noch nicht, es auch zu erreichen. Immer häufiger begegnen mir Menschen, die es dringend nötig hätten, Energie aufzutanken – aber nicht selten haben diese Menschen die Gelegenheit dazu – ihren Urlaub – gerade hinter sich. Fragt man sie, nach welchen Gesichtspunkten sie Ziel und Art ihrer Erholung gewählt haben, stößt man auf Unverständnis. Sie haben einfach Urlaub gemacht wie immer.

In Urlaubsmotiven wie «Flucht», «Abschalten» oder «Ausspannen» verbirgt sich ein psychisches Bedürfnis, das allerdings den meisten Menschen nicht bewusst ist und deswegen bei der Urlaubsplanung leicht missachtet wird. Mit der «Ruhe», nach der sich zwei Drittel aller Urlauber sehnen, ist ja nicht nur Rückzug von Stress und Hektik gemeint, sondern vor allem innere Ruhe, Ausgeglichenheit. Die sind aber leider nicht zwangsläufig das Resultat von äußerer Beschaulichkeit. Eine strapazierte Seele braucht ebenso überlegte Urlaubsplanung wie eine beanspruchte Bandscheibe. Gerade wenn die Belastung des Alltags groß und der Grad der Erschöpfung hoch ist, verengt sich die Wahrnehmung der Menschen auf die physische Regeneration. Die ist auch notwendig. Aber häufig nicht ausreichend – wie das Beispiel von Franz zeigt.

Franz oder Es geht eine Träne auf Reisen

Franz ist einer meiner ältesten Freunde. Wir haben zusammen die Schulbank gedrückt, vor dem Abitur gezittert und als junge Medizin-Semester eine Studentenbude geteilt. Pellkartoffeln und Partys, Praktika und Examensvorbereitungen, alles machten wir gemeinsam. Deswegen war ich verärgert, dass ausgerechnet er nicht zum traditionellen Klassentreffen kommen wollte. «Ich bin einfach zu kaputt», sagte er am Telefon. Dabei hatten wir das Treffen seines Urlaubs wegen extra nochmal um zwei Wochen verschoben. Ich machte ihm Vorwürfe. «Na gut», lenkte er schließlich ein, «dann komme ich eben.» Typisch für ihn. Bei Druck gab er nach.

Ich war neugierig, wie es ihm ging. Nach dem Examen hatten sich unsere Wege bald getrennt. Ich hatte meine Facharzt-Ausbildung begonnen, Franz war Pharma-Vertreter geworden. Er verdiente ziemlich viel Geld, das er auch dringend brauchte; er hatte bald geheiratet und war Vater von zwei Töchtern – Zwillingen – geworden. Inzwischen aber mussten sich die Veränderungen im Gesundheitssystem, Kostendämpfungen, Umstrukturierungen im Betrieb durch Globalisierung auch auf ihn ausgewirkt haben.

Er sah tatsächlich kaputt und müde aus, als er das Hinterzimmer betrat, wo sich der Abiturjahrgang 1971 traditionell trifft. Nach dem üblichen Austausch von Neuigkeiten erzählte er mir, wie stark sich sein Leben als Pharma-Vertreter in den letzten Jahren verändert habe. «Früher war ich ein König, der Geschenke verteilte, heute bin ich ein Klinkenputzer.» Er trank einen Schluck Bier. «Ich habe diese Existenz so satt», sagte er dann. «Dieses ewige Süßholzraspeln und Nach-dem-Munde-Reden! Ich würde am liebsten alles hinschmeißen.» Aber was sollte er dann machen? Wovon die Kredite für das Haus tilgen? Die Ausbildung der Töchter bezahlen? «Ich muss durchhalten», sagte er düster, «aber ich weiß nicht, wie.»

Er wirkte erbarmungswürdig. Es war traurig, den alten Freund in dieser Verfassung zu sehen. «Du musst ausspannen», riet ich. «Durchatmen! Und zwar dringend.»

Er lachte böse. «Das habe ich doch gerade hinter mir.» Es stellte sich heraus, dass er sozusagen direkt aus dem Jahresurlaub kam. Ein Ferienhaus in Dänemark, nahe der Nordsee. Es klang nicht schlecht. Das Haus gehörte einem Chefarzt, einem Kunden von ihm, der noch eine Vermietungslücke zu füllen hatte. Franz fand es eine gute Idee, sich den Mann zu verpflichten. Außerdem hatte er nichts gegen Dänemark.

Seine Familie sah das allerdings anders. Verabredet gewesen war eigentlich eine Reise in den Süden. Die Töchter wollten an einen Ort, wo was los ist, nicht in die dänische Dünen-Einsamkeit. Und seine Frau wollte in warmem Wasser baden, nicht in der kalten Nordsee. Franz tröstete mit dem Hinweis auf den Innen-Pool, den das Ferienhaus biete.

Doch das Schwimmbad erwies sich als unbenutzbar, wie die Frauen fanden. Irgendetwas mit der Aufbereitung des Wassers stimmte nicht, es war zu stark gechlort und verursachte ihnen brennende Augen. Franz fand es eigentlich akzeptabel. Trotzdem reklamierte er. Aber der Vermietungsservice erklärte sich für unzuständig und verwies an den Besitzer. Der war jedoch selbst in Urlaub. Franz hatte zwar die Telefonnummer, wollte den Mann aber wegen einer Lappalie, wie er fand, nicht in seinen Ferien stören. Schließlich war der Vermieter auch ein wichtiger Kunde. Seine Familie quittierte sein Verhalten mit offener Verachtung. Und Franz litt.

Noch mehr, als es zum Konflikt mit den Nachbarn kam, ebenfalls deutschen Feriengästen. Die heizten Abend für Abend ihren Holzkohlegrill und brutzelten alles, was sich braten lässt. Der vorherrschende Westwind wehte dann die fetten Rauchschwaden hinüber zu der Terrasse, auf der Franz mit seiner Familie saß.

Konflikte sind nicht seine Sache. Aber am dritten Abend fasste er sich schließlich ein Herz und marschierte hinüber zum Nachbarhaus. Ob man den Grill nicht umstellen könnte, fragte Franz höflich. Es ging nicht. Er war eingemauert. Ob die lieben Nachbarn dann nicht bei Westwind auf das Grillen verzichten könnten? Schroffe Ablehnung. «Grillen gehört für uns zum Urlaub!»

Geschlagen kehrte Franz zur Terrasse zurück, auf der seine drei Frauen anklagend vor sich hin hüstelten. «Kommt, wir gehen ins Restaurant», versuchte er sie aufzumuntern. «Feigling», sagte seine Frau. «Was soll ich denn machen?», rief er, «soll ich vielleicht rübergehen und einen Eimer Wasser in den Grill kippen?» – «Warum nicht?», zischte seine Frau.

«So ging der Urlaub weiter», erzählte er und trank sein drittes Bier aus. «Für meine Frau bin ich ein Versager. Meine Partnerschaft ist im Keller. Und ebenso mein Ansehen bei den Kindern.»

«Nicht zu vergessen dein Selbstwertgefühl», sagte ich. «Das hätte aber am dringendsten Erholung gebraucht. Du hattest doch vorher schon Schwierigkeiten, dir beim Rasieren in die Augen zu gucken.»

Nicht wenigen Menschen ergeht es wie Franz. Der Urlaub bietet ihnen anscheinend alles, was von ihm erwartet wurde – äußere Ruhe und gute Luft, leckeres Essen und ein gemütliches Bett, Zeit zum Schmökern und zum Relaxen –, aber Erholung finden sie dennoch nicht.

3 Was ist Erholung?

Eine simple Frage, auf die es scheinbar auch eine einfache Antwort gibt: die Wiedergewinnung verbrauchter Energie. Klar, dass ein erschöpfter Mensch Essen, Trinken und Schlaf braucht, um wieder zu Kräften zu kommen. Das sind die Basisfaktoren. Aber ein Tennisspieler, der von einem Turnier-Marathon erledigt ist, benötigt eine ganz andere Erholungsstrategie als ein zerschlagener Schiffbrüchiger, der zehn Tage allein in einem Rettungsfloß auf dem Meer getrieben ist. Der Tennisspieler wird vielleicht Rückzug und Einsamkeit suchen, der Schiffbrüchige wird sie meiden wie der Teufel das Weihwasser; er wird die Nähe von Menschen spüren wollen, und er wird ganz bestimmt keine Seereise machen, die für den Tennisspieler vielleicht äußerst erholsam wäre.

Jede starke Beanspruchung im Leben hat nicht nur eine physische, sondern auch eine psychische Komponente. Beide müssen bei der Erholung von dieser Beanspruchung berücksichtigt werden.

Was in Fällen wie dem des Tennisspielers und des Schiffbrüchigen unmittelbar einleuchtet, gilt aber genauso für den Durchschnittsfall normalen Alltagslebens. Weniger spektakulär, aber nicht weniger wirksam prägt, formt und verformt dieser Alltag den Menschen. Wie beispielsweise bei Fotografen das ständige Tragen schwerer Fototaschen auf der Schulter zu charakteristischen Beanspruchungen und Verkrümmungen führt, so führt jeder Beruf und jeder Alltag zu kleineren oder größeren Schiefhaltungen – körperlichen und seelischen.

Körperlich ist der Mensch desto gesünder, je vielfältiger

sein Bewegungsprogramm und Muskeltraining sind. Seelisch ist er umso gesünder, je mehr Varianten sein Repertoire an Lebensmöglichkeiten umfasst. Der Alltag zwingt aber zu Einschränkungen. Bestimmte Verhaltensweisen werden gefördert und fräsen sich ein, andere müssen vernachlässigt werden. Es ist wichtig, sich die Schiefhaltungen, die dabei entstehen, bewusst zu machen. Eine einseitig beanspruchte Wirbelsäule meldet sich mit Schmerzen und verlangt nach Kompensation durch Massagen, Schwimmen oder Ballspiele. Ein verkümmertes Selbstwertgefühl verursacht erst dann Beschwerden, wenn es schon in die seelische Krise geführt hat und den Alltag beherrscht mit Schlafstörungen, Depressionen und Ängsten.

Mein Freund Franz hatte einen Alltag, in dem er wahre Wunder an Anpassung vollbringen musste. Er hatte charmant zu Vorzimmerdamen zu sein, kompetent und kurzweilig gegenüber seinen Kunden, voller Power gegenüber seiner Firma. Spielraum für eigene Entscheidungen hatte er so gut wie gar nicht. Und ebenso wenig Gelegenheit, Konflikte auszutragen. Sein Selbstwertgefühl litt unter dieser ständigen Anpassung an die Wünsche anderer, es siechte und führte dazu, dass er sich noch weniger konfliktfähig fühlte, als er es ohnehin schon war. Auch zu Hause ging er jeder Auseinandersetzung aus dem Weg, machte Kompromisse nur um des lieben Friedens willen. Seine Urlaubssehnsucht war nur zu verständlich: Er war fertig und wollte sich erholen. Und endlich einmal die Unbekümmertheit und Harmonie, die er sonst vorspielte, tatsächlich um sich haben. Aber er selbst hatte die Disharmonie vorprogrammiert. Und als es zum Konflikt kam, mit der Familie und den Nachbarn, da fehlte es ihm an Kraft und Fähigkeit, ihn durchzustehen. Die Niederlage kostete ihn dann noch die Reste seines Selbstbewusstseins und der Urlaubserholung. Müde und traurig saß er mir gegenüber und hielt sich an seinem Bierglas fest, ein geschlagener Mann.

«Du hättest in deinem Urlaub etwas machen müssen, was dich aufbaut, was dein Selbstbewusstsein und Selbstvertrauen stärkt», versuchte ich ihm klarzumachen. «Hättest du doch deine Familie in ein Mietauto gepackt und ihnen den Wilden Westen Amerikas gezeigt oder die kanadischen Wälder, irgendwas, wo du der Leader bist und beweist, dass du es kannst und dafür bewundert wirst.» Er winkte ab. «Für so was bin ich nicht der Typ. Und sowieso viel zu kaputt.»

«Dann musst du eben erst mal allein Urlaub machen!» Ich war jetzt drakonisch. «Du musst Erfolge erleben, ein Ziel erreichen, eine Zunahme an Kraft und Kompetenz spüren! Steig auf einen Berg, mach eine Wanderung, lerne Segeln oder Fliegen – egal! Aber wiederhole keinen Urlaub, der zur neuen Niederlage für dich wird. Viele verkraftest du nämlich nicht mehr. Deine Energiebilanz stimmt nicht mehr, dein Konto ist völlig überzogen. Du gibst ständig mehr Energie aus, als du einnimmst. Du bist pleite.»

Franz sah mich verzweifelt an. Er tat mir Leid. Aber er musste einmal begreifen, dass er nicht ständig gegen ein Gesetz verstoßen konnte, das für Lebensenergie genauso gilt wie für Mark und Euro: Man kann nicht mehr ausgeben, als man einnimmt. Ich erklärte es ihm.

Das Gesetz von der Energiebilanz

Im Leben jedes Menschen gibt es Belastungen, aber auch Befriedigungen. Solange sie einigermaßen gleich verteilt sind, ist das Leben in der richtigen Balance. Am besten ist es, wenn die Energiebilanz, das Gleichgewicht zwischen Belastung und Befriedigung, in jedem der vier Bereiche stimmt, die unser Leben ausmachen:

- in unserer körperlichen Existenz, die abhängt von Essen und Trinken, Schlaf und Bewegung,
- in der Partnerschaft und Familie im Sinne der engeren Geborgenheit,
- im Bereich von Arbeit und Beruf oder Ausbildung,
- in dem persönlichen Netzwerk von Freunden, Freizeitaktivitäten und sozialen Kontakten, dem Miteinander mit der Umgebung.

In jedem dieser Bereiche schöpfen wir Kraft, müssen aber auch Kraft investieren. Halten sich Investition und Gratifikation die Waage, stimmt die Bilanz. Doch das Leben lässt die ausgewogene Bilanz leider nicht immer zu. Man kann seine Arbeit einbüßen, einen Partner verlieren, sich ein Bein brechen oder durch einen Umzug aus seinem sozialen Netzwerk herausfallen. Dann entsteht in einem Lebensbereich eine deutliche Fehlbalance. Die muss nicht tragisch sein, solange die Belastung des einen Lebensbereiches durch die anderen aufgefangen wird.

Bei meinem Freund Franz war der Arbeitsbereich in den letzten Jahren kräftig aus der Balance geraten. Die Belastung hatte enorm zu , die Befriedigung – auch durch den sinkenden Verdienst – stark abgenommen. Eine besondere Dauerbelastung war für ihn das ständige Zurückstellen der eigenen Bedürfnisse, das hohe Maß an Duldsamkeit und Hinnahmebereitschaft, das er aufbringen musste und das ihn viel Kraft kostete.

Früher hatte seine Familie berufliche Energie-Defizite kompensiert. Wenn er durch den Job mal schlecht drauf war, munterten ihn Frau und Töchter auf, verwöhnten und verführten ihn zu Spaß und Spiel. Dabei tankte er neue Kraft und Lebenslust und glich das entstandene Ungleichgewicht leicht wieder aus.

Jetzt aber führte die Schiefhaltung, die er im Beruf immer

stärker entwickelte – entwickeln musste – dazu, dass seine Familie ihn mit wachsender Reserve betrachtete und sich innerlich von ihm abwendete. Auch die unvermeidlichen materiellen Einschränkungen verschlechterten seine Stellung in der Familie. Für die Töchter war er nicht mehr der Held, für die Frau immer mehr ein Versager. Sie begann sich innerlich gegen ihn abzuschotten – eine Entwicklung, die dann im Urlaub ihren Tiefpunkt erlebte. Folge für Franz: Auch aus dem Bereich der Familie floss ihm kaum noch neue Energie zu. Freundschaften, Mitgliedschaften in Clubs oder Vereinen oder kulturelle Aktivitäten hatte Franz schon aus Gründen wachsender Erschöpfung nicht mehr gepflegt. Energiegewinn aus sozialen Kontakten? Fehlanzeige.

So hatte er sich mehr schlecht als recht über die Runden gerettet und auf den Urlaub gehofft. Endlich Ruhe, endlich ausschlafen, endlich heile Welt.

Aber die heile Welt findet man nicht vor. Man muss sie herstellen. Dazu muss man ausgleichen, was im Alltag unheil ist, Lebens-Defizite erkennen und Energie-Defizite mit der richtigen Strategie bekämpfen.

4 Das Energiefassmodell*

Ein hilfreiches Modell zum Verständnis dieser Zusammenhänge ist das Energiefass. Wenn neue Patienten zu mir kommen, verblüffe ich sie gern mit einem ganz einfachen Bild: «Betrachten Sie sich», sage ich ihnen, «als ein Fass voller Energie. Mit dieser Energie müssen Sie wirtschaften.» Das Fass ist nicht immer gleich voll. Sein Pegel hängt von den Zu- und Abflüssen ab, den Dingen, Personen, Situationen, die uns Energie schenken, und denen, die uns Kraft kosten.

Das Energiefass

Es gibt Energiespender wie Essen und Trinken, Liebe und Lust, Erfolg und Anerkennung, Schlaf und Spaß.

* Vgl. unser erstes gemeinsames Buch: Michael Stark/Peter Sandmeyer: «Wenn die Seele SOS funkt. Fitnesskur gegen Stress und Überlastung», Reinbek: Rowohlt 1999.

Das Energiefass mit Zuflüssen, Kraftspendern

Es gibt Energieräuber wie Stress und Misserfolg, Frust und Ablehnung, Streit und Spannung.

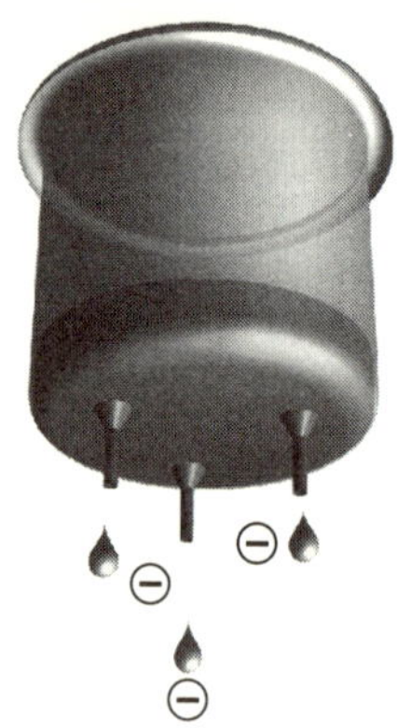

Das Energiefass mit Abflüssen, Kraftzehrern

Es gibt diese Energiespender und Energieräuber in allen vier Lebensbereichen, aber in jedem unterschiedlich verteilt. Bei genauer Betrachtung enthält unser Fass also vier Kammern mit eigenen Zu- und Abflüssen. Der Zufluss im Bereich Beruf/Arbeit kann beispielsweise ein Rinnsal, der Abfluss ein Strom sein. Die Kammer würde im Handumdrehen leer laufen – wenn sie nicht in Verbindung mit den drei anderen Kammern stünde. Aus denen kann Energie nachfließen, solange sie selbst gut gefüllt werden. Großer Energieverbrauch am Arbeitsplatz kann beispielsweise durch familiäre Zuwendung, Unterstützung von Freunden oder eine kräftige Konstitution und körperliche Fitness ausgeglichen werden.

1 Arbeit, Beruf
2 Familie, Partner
3 Soziales Netz, Freunde, Freizeit
4 Aktive Gesundheitspflege

Das Energiefass mit vier Kammern

Wenn aber die leer laufende Kammer ständig aus den anderen Kammern nachgetankt werden muss, drohen auch diese irgendwann leer zu laufen. Je weniger Energie insgesamt in unserem Fass ist und je spärlicher der Nachfluss, desto stärker machen sich jetzt auch die kleinen Risse und Löcher im Boden des Fasses bemerkbar, durch die ständig Lebensenergie wegsickert. Es sind die Verletzungen und seelischen Wunden, die der Mensch im Lauf seines Lebens ansammelt, die beim einen größer, beim anderen kleiner, bei jedem aber vorhanden sind: frühe Verluste, kindliche Demütigungen, Leistungsversagen, gescheiterte Beziehungen – all das, was manchmal unseren Schlaf unterminiert, manchmal unsere Sicherheit in einer ganz bestimmten Situation raubt oder überhaupt für ein Gefühl von existenzieller Unsicherheit sorgt.

Mit solchen Unsicherheiten, latenten Sorgen und verborgenen Ängsten zu leben kostet Kraft. Wenn wir genug Kraft haben, ist dieses ständige Wegsickern von Energie kein Problem. Wenn wir aber insgesamt kraftlos werden, wird es eins.

Die Zustände in der Fassfüllung

Das Fass leert sich desto schneller, je weniger Energie für Investitionen in die verschiedenen Lebensbereiche noch zur Verfügung steht.

Es überrascht meine Patienten meistens, wenn ich ihnen erkläre, dass ein elementarer Grundsatz des Wirtschaftslebens auch für ihren Energiehaushalt und ihre Gesundheit gilt: Man muss investieren, wenn man profitieren will. Die Erhaltung einer guten Partnerschaft, die Pflege von Freundschaften, der Besuch eines Konzerts, das Lesen eines Romans kosten zunächst einmal Kraft. Aber man bezieht daraus auch neue Energie, welche die Investition übertrifft. Wenn aber gar kein Eigenkapital für Investitionen mehr zur Verfügung steht – sprich: keine Basis-Energie mehr da ist –, droht der Konkurs.

Menschen, deren Energiefass nur noch zu einem Viertel oder weniger gefüllt ist, schaffen es gerade noch, ihren Alltag und seine kleinen Katastrophen zu bewältigen, aber sie haben keinerlei Kraft übrig für eine Neuorientierung oder zusätzliche Aktivitäten, auch nicht solche, die neue Kraft geben könnten. Das typische Gefühl in dieser Lage ist das des Hinterherhinkens, die Empfindung, immer einen Schritt hinter den Verpflichtungen, Anforderungen und drängenden Problemen zurückzubleiben. Jedes Gefühl von Lebensfreude verschwindet.

Urlaub erscheint vielen in dieser Situation als das rettende Ufer. Dort warten neue Kraft und alte Freude. Doch wenn der Urlaub gar keine Gelegenheit bietet, das Energiefass wieder zu füllen, weil die Leckagen und Defizite des Lebens einfach ignoriert werden, wie mein Freund Franz es tat; oder wenn der Urlaub selbst schon eine Investition ist, für die die Basis-Energie gar nicht mehr ausreicht, dann wird das rettende Ufer zu den «glückseligen Inseln» im legendären chinesischen Golf Pe-chi-li: «Sieht man sie von ferne, so gleichen sie Wolken; kommt man ihnen nahe, so wird das Schiff vom Wind weggetrieben; erreicht man sie dennoch, so versinken sie im Meer.» Eine solche Erfahrung musste Susanne machen.

Susanne oder Kreuzfahrt in die Katastrophe

Susannes Stolz hätte es nie zugelassen, dass sie sich als meine Patientin betrachtet. Sie suchte gelegentlich Rat, das war alles. Anfang vierzig war sie, Fahrerin eines kleinen BMW, eine ebenso attraktive wie dynamische Person, Bankkauffrau und Mutter von zwei Kindern. Sie war es gewohnt, auch komplizierte Probleme allein zu lösen, war aber dennoch eines Tages in eine schwere Lebenskrise geraten. Es geschah das, was häufig passiert, wenn jemand hart am Limit lebt: Schon ein paar kleine Veränderungen – bei Susanne ausgelöst von ihrer Beförderung aus einer Filiale der Bank in die Zentrale – ziehen einen Strudel von Belastungen nach sich, in dem man untergehen kann. Job, Mann, Kinder, die Kontrolle des Alltags – alles drohte ihr zu entgleiten. Mit meiner Hilfe gelang es ihr, die Katastrophe abzuwenden. Ich habe Susannes Fall, weil sich an ihm so vieles gut verdeutlichen lässt, in dem Buch «Wenn die Seele SOS funkt» ausführlich dargestellt.

Nach ihrer Krise hatte es Susanne gelernt, mit den starken Belastungen ihres Lebens souveräner umzugehen, sich ein paar Freiräume zu schaffen und mit dem Alltagsdruck, der auf ihr lastete, besser fertig zu werden. Aber es blieb ein Leben unter ständiger Anspannung. Der Beruf, die Kinder, die Abzahlungen für das Haus – da gab es selten eine Gelegenheit zum Atemholen. Außer im Urlaub.

Und dann wurde ausgerechnet ein Urlaub, eigentlich ein richtiger Traumurlaub, wie sie betonte, für sie zum Desaster. Als sie versuchte, mir sein Zustandekommen zu erklären, konnte sie mehrfach nicht weitersprechen und griff zu ihrem Taschentuch, das diesen merkwürdigen Veilchenduft ausströmte, der mir schon früher an ihr aufgefallen war. Schließlich erzählte sie.

Es war im Sommer des Jahres, als sich der Gesundheitszustand ihrer Mutter plötzlich zu verschlechtern begann, kurz vor den Ferien der Kinder. Ich wusste, dass die alte Dame in einem Pflegeheim in Glückstadt, 70 Kilometer nordwestlich von Hamburg, lebte und von Susanne jede Woche besucht wurde.

«Ich ließ meinen Mann mit den Kindern allein in die Ferien fahren, blieb zu Hause und besuchte täglich meine Mutter. Sie erkannte mich bald nicht mehr, klammerte sich aber die ganze Zeit an mich. Es war furchtbar.» Die Kinder und ihr Mann kamen zur Beerdigung vorzeitig aus den Ferien zurück und Susanne kehrte sofort nach dem Begräbnis in ihre Bank zurück. «Ich habe versucht, mich mit Arbeit zu betäuben. Ich wollte die Bilder von dieser traurigen verwirrten alten Frau, die meine Mutter war, loswerden.» Sie schluchzte. Wieder kam das Veilchentuch zum Einsatz.

Über ein Jahr hatte sie jetzt keinen richtigen Urlaub gehabt, und ihr Mann spürte, wie ihre Kräfte zur Neige gingen. Er war ein ebenso praktischer wie fürsorglicher Gatte und dachte sich etwas Besonderes aus. Zu Susannes Geburtstag im September schenkte er ihr eine zweiwöchige Luxus-Kreuzfahrt während der Herbstferien der Kinder, die er für diesen Zeitraum bei seinem Bruder einquartiert hatte. Seine Frau sollte auf andere Gedanken kommen und sich erholen, auf dem Programm der Kreuzfahrt standen Besichtigungen, Bälle und Captain's-Dinner, sie würde Zeit für ihn, er für sie haben, an Champagner und Frühstück im Bett sollte es nicht fehlen, Partnerschaft und Erotik könnten neu entdeckt werden.

Ein schöner Plan. Er hatte nur einen Fehler: Er ignorierte sie und ihre Verfassung vollständig. «Schon die Auswahl der Garderobe für unterwegs war reiner Stress für mich», sagte sie. Der setzte sich fort, als sie an Bord war und ihre prächtige Kabine bezog. «Alles war so förmlich», sagte sie. «Zweimal am Tag wurde formell gegessen, ständig musste man sich umziehen.» Sie fand die Mahlzeiten zu üppig und zu anstrengend, auch der Konversation wegen. Kanadier saßen mit an ihrem Tisch, sie musste englisch sprechen und sich dabei ständig konzentrieren – am dritten Abend fühlte sie sich so erschöpft, als ob sie einen harten Tag in der Bank hinter sich hätte. Außerdem fühlte sie sich aufgebläht und glaubte, kräftig zuzunehmen. Auch am nächsten Tag fühlte sie sich lust- und appetitlos und kündigte an, das abendliche Dinner zu schwänzen. Ihr Mann, für den die Reise und besonders das festliche Essen am Abend ein Highlight war, reagierte verärgert. Sie spürte seine Frustration. Der Satz: «Stell dich doch nicht so an» wurde nicht ausgesprochen, lag aber in der Luft. Als er im dunklen Anzug zum Abendessen entschwunden war, lag sie auf dem Bett ihrer luxuriösen Kabine und heulte. Als er spät wiederkam, stellte sie sich schlafend.

Kühl vergingen die nächsten Tage. Den großen Ball boykottierte sie. Ihr Mann ging trotzdem hin, missgelaunt. Und in dieser angespannten Atmosphäre und dem Gefühl, verlassen und allein zu sein, brachen dann auch noch alte Ängste Susannes wieder auf. Schon in ihrer zurückliegenden Lebenskrise hatten ihr Befürchtungen, sie könnte ihre Söhne verlieren, den Schlaf geraubt. In Albträumen kehrte diese Furcht jetzt zurück. Mit wild pochendem Herzen schreckte sie morgens aus dem Schlaf, wäre am liebsten aufgesprungen und zu ihren Kindern gerannt. «Ich habe dieses Schiff verflucht.»

Sie telefonierte mit den Söhnen, stundenlang. Die Telefonkosten waren astronomisch, ihr Mann nur noch genervt. Beide waren heilfroh, als diese sündhaft teure Luxus-Kreuzfahrt endlich zu Ende war. Und da saß Susanne nun vor mir und war fertig. Auch von den Vorwürfen, die sie sich machte. Hatte sie nicht alles vermasselt? Hatte ihr Mann denn nicht alles nur gut gemeint? «Gewiss hat er das», sagte ich. «Aber er hat Sie überfordert.» Die Etikette an Bord, die Konversation, der ständige Kontakt- und Kleidungszwang setzten Belastungen des beruflichen Alltags von Susanne einfach fort. Die Banktage verbrachte sie in einer spezifischen Schiefhaltung, die sie anstrengte. Die gesellschaftlichen Regeln des Bordlebens bedeuteten für sie das Fortbestehen dieser Anstrengung, das Gegenteil von Erholung, während ihr Mann mit diesen Regeln locker umging und sie wie den Spaß eines Rollenspiels betrachtete.

Was Susanne dringend benötigt hätte, das war die Rückgewinnung ihrer Basis-Energie. Schlaf, Ruhe, Rückzug – Susanne ist ein Mensch, den der Kontakt zu anderen anstrengt –, gemeinsame Zeit mit ihren Kindern, kleine Spaziergänge, Mensch-ärgere-dich-nicht. Dinge von solcher Art. Aber der wohlmeinende Gatte hatte ihr gleich im übertragenen Sinne eine Trekking-Tour im Himalaja zugemutet.

Irgendetwas musste jetzt aber geschehen. Auch der Rest von Susannes Jahresurlaub war von der unseligen Kreuzfahrt verbraucht worden und sie war das genaue Gegenteil von gut erholt. Sie wirkte, als sei sie mit äußerster Anstrengung gerade noch zu einem Rest von Konzentration fähig, aber zugleich teilweise abgestorben, eingesperrt in sich selbst, ohne Blick nach außen, ohne Sinn für anderes.

Für die Bewältigung ihrer zurückliegenden Krise hatte ich ihr auch Erholungsübungen, kleine Ruherituale und Regenerationsübungen vorgeschlagen, aber Susanne ging es wie den meisten Menschen: Sie vergessen in einer neuen Belastungskrise alles, was ihnen schon einmal geholfen hat. Das hängt mit der Krise selbst zusammen, die als existenzielle Verengung erlebt wird, so als sei man in einen Schraubstock geraten und irgendwann jeder Bewegungs- und Wahrnehmungsfähigkeit beraubt. Und damit ist dann der Zustand eingetreten, in dem nicht nur die Erholung futsch ist, sondern auch die Erholungsmöglichkeit. «Was Sie außer ausreichend Schlaf, ordentlichem Essen und genügend Bewegung brauchen, um sich zu regenerieren, sind Anregungen für Ihre Sinne», sagte ich ihr. «Der Mensch lebt nicht vom Brot allein. Die Seele bekommt ihre Nahrung von den Sinnen. Dazu müssen wir Ihre Wahrnehmungskanäle wieder öffnen.» Und dann besprach ich mit ihr ein kleines Wiederbelebungsprogramm für ihre fünf Sinne; jeden Werktag der kommenden Woche sollte sie einem widmen und sich dazu kleine Übungen ausdenken, vor dem Weg ins Büro, während der Arbeitspausen, am Feierabend.

Ein kleines Wiederbelebungsprogramm für die Sinne

Montag: Sehen

- *einen Baum im Herbstlaub genau betrachten, die Unterschiede der Gelb- und Brauntöne registrieren;*
- *eine Wasserfläche anschauen, die Spiegelungen des Lichts, die Brechungen, wenn ein Boot vorbeifährt;*
- *über einen längeren Zeitraum der Dämmerung zuschauen;*
- *das Gesicht eines Menschen genau betrachten: was lässt ihn müde aussehen, was glücklich, was alt?*

Dienstag: Fühlen

- *sich mit verbundenen Augen einen Gegenstand geben lassen, ihn betasten und herausfinden, was es ist;*
- *mit nackten Füßen über eine Wiese oder durch trockenes Laub gehen oder feuchten Lehm stampfen;*
- *die Wirkung verschiedener Stoffe auf der Haut spüren, Seide, Tweed, Leder;*
- *in der Sauna fühlen, wie sich die Haut aufheizt und kleine Schweißbäche bildet;*
- *einen Apfel, eine Birne, einen Pfirsich vor sich auf den Tisch legen und sie mit verbundenen Augen betasten;*
- *sich eine Massage gönnen.*

Mittwoch: Schmecken

- *auf dem Markt oder in exotischen Geschäften unbekannte Gemüse und Kräuter kaufen und ihren Geschmack ergründen;*
- *in einer Konditorei die ausgestellten Torten und Kuchen betrachten und sich vorstellen, wie sie schmecken; dann ein Stück auswählen und den tatsächlichen Geschmack kosten;*
- *in ein indisches (chinesisches, karibisches) Restaurant gehen, eine Spezialität des Hauses blind bestellen und herausfinden, woraus sie besteht.*

Donnerstag: Hören

- *an einen wirklich stillen Ort gehen und registrieren, was man dort hört. Wind? Vögel? Die ferne Stadt?*
- *Mit einem kleinen Löffel sämtliche Gläser im Küchenschrank anschlagen und versuchen, eine Tonleiter zusammenzustellen (manchmal hilft ein bisschen Wasser im Glas);*
- *auf einer Klassik-CD heraushören, wie viele verschiedene Instrumente zu hören sind (ohne auf das Etikett zu schauen);*
- *verschieden geformte und unterschiedlich große Steine ins Wasser werfen und den verschiedenen Klängen lauschen, vielleicht auch ein gemeinsames Ratespiel daraus machen.*

Freitag: Riechen

- *mit geschlossenen Augen versuchen, verschiedene Gegenstände zu identifizieren – eine Blüte, ein Kraut, ein Gewürz;*
- *sich auf eine blühende Wiese legen oder in ein Gewächshaus setzen, den Ansturm der Düfte abwarten und sie dann sortieren;*

- *verschiedene Steine und Erde und Sand in trockenem und in nassem Zustand beschnüffeln, Holz und Rinde bieten sich auch dazu an;*
- *mit verbundenen Augen verschiedene Personen am Geruch der Hände, Ohren, Haare identifizieren.*

Offene Sinne und Empfänglichkeit für äußere Eindrücke sind die Voraussetzungen jeder Erholung. Wer «zu» ist, kann nichts, auch nichts Aufbauendes und Positives auf sich wirken lassen. Das Training unserer verschiedenen Wahrnehmungskanäle ist eine bewährte Übung – und ein guter Indikator, der uns zeigt, wie offen wir sind.

Auch Susanne machte gute Erfahrungen mit ihren kleinen Übungen. Als ich sie nach einer Woche wieder sah, wirkte sie nicht mehr so verkrochen in sich selbst; aber immer noch sehr kaputt.

Ich riet zu einem verlängerten Erholungswochenende, am besten in einem seriösen Wellness-Hotel, wo sich alles nur um sie und ihr Wohlbefinden dreht. Sie winkte ab. «Ohne die Kinder? Das will ich nicht.»

Sie wollte eigentlich überhaupt nicht. Sie hatte sich gerade wieder an den Stress des Jobs und den Rhythmus des Alltags gewöhnt und fürchtete die Unterbrechung. «Ich benötige zu viel Zeit, um mich richtig entspannen zu können. Und wenn ich entspannt bin, kostet mich die Rückkehr in den Alltag zu viel Kraft. Also erspare ich mir das und bleibe lieber gleich da, wo ich bin.»

In gewisser Weise hatte sie Recht. Selbst ein hoher Anforderungsrhythmus im Alltag kann so etwas wie Sicherheit bieten. Das Leben ist zwar stark belastet, aber wenigstens in vertrautem Takt. Es gibt nicht wenige Menschen, die auch auf extremem Anforderungsniveau leben können, ohne zu leiden; es muss nur eine Voraussetzung erfüllt sein: Sie müssen das Gefühl der Kontrolle über ihre Lage und die jeweilige Situation haben. Das aber war bei Susanne anders.

Als ich sie nach ihren Körpergefühlen im Alltag fragte, stellte sich heraus, dass sie das Haus morgens mit trockenem Mund und Druckgefühlen im Bauch verließ und diese Gefühle den Tag über nicht loswurde. Dazu gesellten sich immer wieder kleine Attacken von Herzklopfen und Schweißausbrüche. Es gab keinen Zweifel: Susanne litt unter Dauerstress. «Sie sind dabei, sich zu vergiften», sagte ich ihr. «Jeden Tag ein bisschen mehr, und irgendwann wird das Gift Sie umbringen.» Sie war geschockt, aber sie hörte mir aufmerksam zu.

5 Stress und Belastung fressen die Seele auf

Stress ist eine Reaktion des Körpers auf plötzliche Bedrohung. Und unser Körper reagiert immer noch genauso wie der unseres fernen Vorfahren, wenn der sich an ein Mammut anschlich und von ihm plötzlich entdeckt und attackiert wurde.

Während der Zentralcomputer im Kopf blitzschnell durchrechnet, ob die Verteidigung mit dem Holzspieß eine Chance bietet oder nur der Sprung auf den nächsten Baum, stellt der Körper im Bruchteil einer Sekunde alles bereit, was das Überleben auf die eine oder andere Weise ermöglicht: Die Nebennieren werden mobilisiert und jagen Adrenalin ins Blut, die Atemfrequenz wird gesteigert, Kraftreserven werden aktiviert, und alles, was zum unmittelbaren Überleben unwichtig ist, wird gedrosselt.

Dieser Prozess ist im Menschen so tief verankert und läuft so unbeeinflussbar ab wie das Abwehrprogramm unseres Immunsystems gegen eine Grippeinfektion.

In unserer modernen Welt wird aber – das ist das Problem – dieses archaische Notfall-Management auch von Anlässen ausgelöst, für die der Alarmzustand von Körper und Seele völlig wirkungslos ist. Der BMW-Fahrer, der sich plötzlich vor uns in unsere Spur drängelt – Stress! Der Steuerbescheid im Briefkasten – Herzklopfen und Schweißausbrüche! Die Konferenz am Nachmittag mit der Verkaufsabteilung – trockener Mund und Druck im Bauch! Der Kurssturz der Aktien, die man gerade gekauft hat – der Blutdruck springt nach oben, der Atem jagt.

Der Computer im Kopf empfängt noch immer die alten Signale von Gefahr, aber es sind nicht mehr die alten Gefahren. Kein Panzernashorn greift uns mehr an, sondern nur Papier-Tiger. Trotzdem wird gegen sie das traditionelle Abwehrprogramm mobilisiert, aber die freigesetzten Energien laufen ins Leere. Kein Sprung auf den Baum klärt die Lage und kein Kampf mit dem Holzspieß.

Stress ist ein irres Programm – geworden. Wie irre, sieht man daran, dass sich uns bei Gefahr immer noch die Haare sträuben (Gänsehaut!), um uns größer und furchterregender wirken zu lassen und den Gegner einzuschüchtern. Aber erstens verbirgt heute der Joop-Anzug die gesträubten Haare, und zweitens ließe sich der Vorgesetzte von ihnen sowieso nicht beeindrucken.

Der Erregung, in die Körper und Seele durch Stress geraten, folgt keine Entspannung mehr. Die mobilisierte Energie hält den Organismus in einem Zustand latenter Dauererregung. Besonders gefährlich wird es, wenn jetzt ein neuer Angriff eines «Stressors» erfolgt. Wieder wird Überlebensalarm ausgelöst, wieder werden die Stresshormone Adrenalin und Kortisol ausgeschüttet.

Unter dem Trommelfeuer solcher Stressalarme sinkt die Reizschwelle ständig weiter ab, und die Auslöser für neuen Alarm werden immer nichtiger. Schließlich ist es wirklich die Fliege an der Wand, die den Gestressten auf die Palme bringt. Der Organismus ist in ständiger Verteidigungsbereitschaft, schaukelt sich immer öfter und immer schneller zu einer Notfallbewältigung auf, die weder Anlass noch Ende hat.

Unter den ständigen Hormon-Kaskaden leidet nicht nur das innere Gleichgewicht, sondern auch die Immunabwehr. Unter zwei Gruppen von Freiwilligen, die mit einem Erkältungsvirus in Kontakt gebracht wurden, bekamen deutlich mehr Gestresste Schnupfen als Ungestresste.

Stress macht krank. Er ist ein chronisches Gift, dessen Wirkung sich mit anhaltender Dauer potenziert. Von einem hohen Stressniveau immer wieder herunterzukommen und sich zu Erholungspausen zu zwingen ist deswegen ein Überlebensgebot – auch wenn es manchmal wirklich wehtut.

Das sah schließlich auch Susanne ein. Da sie es ohne die Kinder nicht aushält, riet ich ihr zu einem Erholungswochenende mit der ganzen Familie und schlug einen freundlichen Bauernhof mit Gästezimmern vor, den ich vom Segeln kannte. Die Anfahrt von Hamburg war kurz, die Landschaft unspektakulär, aber beruhigend, das Essen deftig und die Bäuerin mütterlich.

Und da Susanne Schwierigkeiten haben würde, einfach auf Entspannung umzuschalten, empfahl ich ihr viel Bewegung, kleine Wanderungen und auf jeden Fall fesselnde Lektüre.

Es wurde ein Erfolg. Herbstliche Gummistiefeltage mit langen Spaziergängen durch bunte Wälder, morgens Kuscheln mit den Kindern und gemächliches Frühstück, abends Krimischmökern; und dann wurde auch noch ein Kalb geboren, und die Erwachsenen mussten einen Schnaps auf das neugeborene Leben trinken – Susanne und ihr Mann gaben sich den ersten Kuss seit langem, und sie hatte das Gefühl, auch ihr Leben sei ein wenig wieder geboren. «Wenn ich solche Wochenenden noch zwei- oder dreimal wiederhole, über den Herbst und den Winter hinweg», sagte sie mir, als wir uns das nächste Mal sahen, «dann halte ich bis zum nächsten Urlaub durch.» Dann lachte sie – zum ersten Mal wieder laut und herzlich – und fügte hinzu: «Vielleicht halte ich dann sogar den Urlaub selbst durch.»

Fühlen Sie sich so ähnlich wie Susanne? Ist Ihr Energiefass so leer, dass Sie dringend Kraft nachtanken müssen? Dann versuchen Sie nicht um jeden Preis, bis zum nächsten fernen Urlaub durchzuhalten.

Wie sieht Ihr Stressniveau aus?

Machen Sie den Test. Wie viel körperliche Warnzeichen sind schon aufgetaucht?

Tabelle der körperlichen Warnsignale

Stresszeichen Leiden Sie unter:	*nie*	*selten*	*gelegentlich*	*häufig*	*ständig*
Konzentrationsschwierigkeiten?					
Vergesslichkeit?					
Denkblockaden?					

	nie	*selten*	*gelegentlich*	*häufig*	*ständig*
Rastlosigkeit					
Unruhe					
Nervosität					

	nie	*selten*	*gelegentlich*	*häufig*	*ständig*
Einschlafstörungen					
Durchschlafstörungen					
Gerädert aufwachen					

Stresszeichen Leiden Sie unter:	*nie*	*selten*	*gelegentlich*	*häufig*	*ständig*
Sich wie gelähmt fühlen					
Abkapselung					
Unlust					
Antriebsmangel					

	nie	*selten*	*gelegentlich*	*häufig*	*ständig*
Verstopfung					
Durchfall					
Blähungen					
Erbrechen					
Übelkeit					
Aufstoßen					

	nie	*selten*	*gelegentlich*	*häufig*	*ständig*
Unbestimmte Angstgefühle					
Dauer-Grübeleien					
Sich Sorgen machen					
Nicht mehr abschalten können					

Stresszeichen Leiden Sie unter:	*nie*	*selten*	*gelegentlich*	*häufig*	*ständig*
Schwindelanfälle					
Ohrensausen					
Kopfschmerzen					
Schleier vor den Augen					
Überempfindlichkeit gegen Licht					

	nie	*selten*	*gelegentlich*	*häufig*	*ständig*
Herz-Kreislauf-Störungen					
Herzrasen					
Herzklopfen					
Herzstechen					
Kreislaufschwäche					

Stresszeichen Leiden Sie unter:	*nie*	*selten*	*gelegentlich*	*häufig*	*ständig*
Hormonelle Störungen wie z. B. Menstruationsbeschwerden					
Sexuelle Funktionsstörung					
Impotenz					
Abnahme sexueller Lust					
Erhöhte Infektionsanfälligkeit					
Erhöhte allergische Reaktionsbereitschaft					

	nie	*selten*	*gelegentlich*	*häufig*	*ständig*
Muskelzittern					
Augenzucken					
Schnelle muskuläre Ermüdbarkeit					
Atembeschwerden					
Atemnot					
Heiserkeit/Stimmverlust					
Flache Atmung					
Weitere beobachtete Symptome					

Aber auch veränderter Konsum von Alltagsdrogen und Medikamenten, die das Anspannungsniveau regulieren sollen, sind Indikatoren für Stress, der sich vielleicht unbemerkt eingeschlichen hat.

Stresszeichen Leiden Sie unter:	*nie*	*selten*	*gelegentlich*	*häufig*	*ständig*
Rauchen gegen Nervosität					
Alkohol, um zur Ruhe zu kommen					
Schmerztabletten					
Schlaftabletten					
Beruhigungstabletten					
Süßigkeiten					
Verändertes Essverhalten: zu wenig					
Verändertes Essverhalten: zu viel					
Verändertes Essverhalten: zu unregelmäßig					

Haben Sie in der Liste der körperlichen Warnsignale für Stressbelastung «häufig» oder «ständig» angkreuzt? Das ist ein Hinweis auf eine erhebliche Überlastung. Sie sollten diese Symptome vorsichtshalber auch von einem Arzt abklären lassen, ob nicht doch eine organische Ursache zugrunde liegt oder ob schon eine Dauerschädigung eingetreten ist, die direkt behandelt werden muss.

Überlegen Sie auch, in welchen Situationen oder als Folge wovon die Stresszeichen auftauchen.

Ein kleiner Schnellkurs in Erholung

Schaffen Sie sich Erholungsinseln im Alltag.* Einige Möglichkeiten sind:

Die Kunst, den Augenblick zu genießen

Achtsamkeit für jeden Augenblick des Lebens ist die Voraussetzung dafür, wirklich genießen zu können. Dazu müssen wir nicht jede Sekunde happy sein. Es kommt vielmehr darauf an, die unterschiedlichen Gefühle, die sich bei uns einstellen, wahrzunehmen und zuzulassen.

Nehmen Sie sich dreimal am Tag Zeit, sich fünf Minuten auf sich selbst zu besinnen. Gehen Sie dabei so vor: Suchen Sie sich in Ihrer Umgebung etwas, das Sie gerne anschauen, frische Blumen, ein grünes Blatt an der Pflanze, das Bild der Familie auf dem Schreibtisch, den Baum vor dem Fenster, ein Stück blauer Himmel, irgendetwas, das gut tut. Atmen Sie dann ganz tief durch, lassen Sie sich entspannt im Stuhl zurücksinken, atmen Sie langsamer und tiefer als sonst und denken Sie beim Einatmen «einundzwanzig, zweiundzwanzig» und beim Ausatmen «dreiundzwanzig, vierundzwanzig». Natürlich werden gleich wieder andere Gedanken dazwischenspringen, aber kehren Sie für diese fünf Minuten immer wieder auf die Konzentration des Atmens zurück. Wenn es angenehmer für Sie ist und Sie etwas Übung darin haben, schließen Sie auch die Augen. Und...: Versuchen Sie zu lächeln!!

* Ausführliche Vorschläge dazu finden Sie auch in unserem letzten Buch «Wenn die Seele SOS funkt. Eine Fitnesskur gegen Stress und Überlastung». Reinbek: Rowohlt 1999.

Es gibt Gefühle wie Trauer, Melancholie, Wut, Ärger. Auch für die gilt das Gebot der Achtsamkeit, sie nicht gleich herunterzuschlucken, gleich zu verdrängen. Wenn Sie solche Gefühle bei sich spüren, dann versuchen Sie Folgendes:

Schmeißen Sie ruhig mal das Sofakissen an die Wand, suchen Sie sich einen abgelegenen Ort und schreien ein paarmal «Verdammt nochmal» oder «Sch..., Sch..., Sch...». Gestehen Sie sich mal die notwendigen Tränen zu, zünden Sie eine Kerze an und legen eine melancholische Musik auf, oder lassen Sie sich trösten, wenn jemand da ist.

Wenn diese Gefühle nun immer wiederkommen und nicht durch solche Maßnahmen aufzulösen sind, dann spüren Sie nach, woher das Gefühl kommt: Was war der Anlass, welche Situation, Person oder Erinnerung hat dieses Gefühl ausgelöst? Schreiben Sie sich diesen Auslöser auf einen Zettel oder am besten in ein kleines Heft. Und darunter: Dieses hat mich... (traurig, wütend, verzweifelt, hoffnungslos, ärgerlich...) gemacht. Dann schreiben Sie dazu das Datum und die Uhrzeit und klappen das Heft zu. Sagen Sie sich dabei: «Jetzt habe ich es festgehalten und aufgeschrieben. Im Augenblick kann ich nichts weiter tun, deshalb lege ich das Gefühl jetzt beiseite und kümmere mich wieder um mein aktuelles Leben.» Es kann sein, dass Sie dies noch ein paarmal machen müssen.

Denken Sie sich glücklich

Unser Denken bestimmt unser Erleben. Wir sind unserem Denken nicht hilflos ausgeliefert. Wir können es sogar aktiv beeinflussen.

Abends, bevor Sie einschlafen, denken Sie vielleicht automatisch sofort an den Stress des vergangenen Tages, oder Probleme des Tages lassen Sie nicht los. Gebieten Sie diesen Gedanken Einhalt und schalten Sie auf den anderen Kanal, wie beim Fernseher. Manchen meiner Patienten hat es geholfen, sich eine Fernseh-Fernbedienung vorzustellen. Drücken Sie auf die Tasten und zappen auf einen anderen Gedankenkanal. Lassen Sie Revue passieren, was Sie Schönes und Wohltuendes an diesem Tag erlebt haben, und sei es noch so unscheinbar. Dies erfordert anfangs sehr viel Übung, besonders bei Menschen, die tagsüber kaum Zeit zum Luftholen haben. Etwas Kleines wie ein Sonnenstrahl, eine freundliche Begrüßung, das Lächeln eines Menschen, eine lustige oder komische Situation, vielleicht mit den Kindern. Hat ein Fußgänger dankend zurückgewinkt, den Sie über den Zebrastreifen gelassen haben; hat jemand gelächelt, dem Sie die Tür aufgehalten haben; einer, dem Sie den Aufzug offen gehalten haben; einer, den Sie aus der Parklücke gelassen haben; einer, dem Sie Ihren Einkaufswagen überlassen haben?

Mit dieser Erinnerung an die schönen Momente des Tages schlafen Sie ein, dann wird Ihr Schlaf wohltuender sein.

Beim Denken haben wir die Wahl. Das bekannte Beispiel vom halb vollen oder halb leeren Glas je nach der Perspektive macht dies deutlich. Wir entscheiden, wie wir Situationen und Vorkommnisse bewerten. Wir können uns entscheiden, auf eine bestimmte Situation einmal gelassen zu reagieren und nicht mit dem üblichen Ärger, der ja auch uns selbst die Laune verdirbt. Nicht die Umstände, sondern wir entscheiden, wie wir mit ihnen umgehen.

Toleranz, Geduld, Mitgefühl, Gelassenheit als Grundhaltung erzeugen bei uns selbst ein gutes Grundgefühl. Ärger, Wut, Enttäuschung, Verbitterung als tägliche Grundhaltung hinterlassen dagegen auch in der Selbstwahrnehmung negative Spuren.

Wecken Sie mit den entsprechenden Gedanken Ihr Potential. Die Grundlage der Strategie des «positiven Denkens» sind positive Leitsätze, so genannte Affirmationen. Zum Beispiel vor einer Prüfung: «Ich habe einen klaren Kopf und bin ruhig und gelassen.» Oder in einer Situation, die Sie normalerweise ängstlich stimmt: «Ich bin voll Vertrauen in meine Kraft.» Diese Sätze bedeuten nicht, dass Sie sich etwas in die Tasche lügen sollen, sondern dass Sie dadurch eine bestimmte Haltung zu sich selbst vorprogrammieren, die dann die weiteren Handlungen beeinflusst.

Bewegung befreit

Sport kann high machen. Bewegung kurbelt die gesamten Körperfunktionen an – Herzschlag, Atmung, Stoffwechsel, auch den Gehirnstoffwechsel – und wirkt dadurch auch vorbeugend antidepressiv.

Es gibt nicht die optimale Sportart für jeden. Probieren Sie selbst aus, was Ihnen gut tut: allein, zu zweit oder in einer Gruppe. Kampfbetont, leistungsbetont, entspannend, konzentrativ, ausdauernd. Wichtig ist ein gutes Körpergefühl, nicht die totale Erschöpfung; dann verlagern Sie nur die tägliche Überforderung auf einen weiteren Bereich.

Auch kleine Aufmerksamkeiten helfen. Achten Sie auf einen aufrechten Gang, strecken Sie den Rücken durch, die Schultern nach hinten, halten Sie den Kopf hoch, federn Sie mit den Beinen durch. Haltung und Gang können die Stimmung deutlich beeinflussen.

Freude für die Sinne

Machen Sie die oben erwähnten Übungen zur Öffnung der Wahrnehmungskanäle.

Farben

Farben können gute Laune machen. Besonders Gelb. Gelb ist die Farbe des Frühlings, des aufblühenden Lebens. Es hebt die Stimmung und stimuliert die Sinne. Rot gibt Energie und Kraft, Grün wirkt harmonisierend und ausgleichend (Pflanzen), Blau entspannend und beruhigend. Weiß inspiriert zu Klarheit. Bringen Sie sich Blumen der entsprechenden Farben mit, malen Sie sich Ihr eigenes Farbbild. Dazu muss man nicht zeichnen können. Die Farbe auf der Fläche entfaltet ihre Wirkung. Vermeiden Sie dunkle, graue und schwarze Farben, lassen Sie viel Licht in die Wohnung, ins Arbeitszimmer.

Kleidung

Ziehen Sie sich bewusst an. Wer Einstein ist, darf auch ständig Selbstgestricktes tragen. Alle anderen sollten darauf achten, dass ihre Kleidung sie stützt und hebt. Übrigens: Frauen, denen dieselben Männer einmal im Jogging-Look, einmal im Anzug gezeigt wurden, fanden die Anzugträger durchweg attraktiver. Für Frauen gilt das Entsprechende.

Auch Kleidung kann Farbe ins Leben bringen. Wechseln Sie gelegentlich Ihre Erscheinung durch eine neue Krawatte, einen Schal, ein T-Shirt.

Düfte

Düfte wirken direkt auf die Seele. Über die Nase werden Informationen ohne Umwege über Nervenzwischenschaltstellen direkt in den Teil des Gehirns weitergeleitet, der für die Steuerung und Verarbeitung der Gefühle verantwortlich ist.

Düfte wirken in der Natur, in der Küche, aber auch in

Massageölen, in Duftlampen, in Badeölen. Seelentröster sind Sandelholz, Jasmin, Ylang Ylang. Entspannend wirken Bergamotte, Lavendel, Zimt. Anregend duften Orange, Limette, Douglasie.

Gönnen Sie sich ein Bad oder eine Massage mit Duftölen. Das erfordert keine professionelle Kunst, es reicht auch, die Schläfen sanft damit einzureiben.

Musik

Musik und Rhythmus bewirken Stimmung. Achten Sie auf die Musik, mit der Sie sich umgeben. Dauerberieselung macht taub für die Feinheiten. Machen Sie sich einen CD- oder Cassettenstapel mit Gute-Laune-Musik, die eine angetrübte Stimmung wegblasen kann, einen Stapel mit Energiemusik, die auch die langweiligsten Dinge (Hausarbeit?) im Fluge vergehen lässt, einen Stapel mit sanfter Musik zum Entspannen und Schmusen.

Sich glücklich essen

Essen ist die Energiequelle für alle körperlichen Abläufe schlechthin. Um Glücksgefühle wahrnehmen zu können, braucht unser Gehirn auch die notwendigen «Glücksgefühl-Nervenbotenstoffe». Diese baut sich unser Körper aus unserer Nahrung auf. Ständige Diäten und einseitige Ernährung enthalten dem Körper die notwendige Vielfalt der Stoffe vor.

Viel frisches Gemüse und Obst, möglichst sonnengereift und nicht unreif gepflückt, auf langen dunklen Transportwegen gekühlt und nachgereift. Fastfood aus Weißmehl, Billigfleisch, Zucker und künstlichen Aromastoffen enthält weniger lebenskräftigende Nährstoffe. Manche Ernährungsexperten behaupten sogar, dass der Körper nicht nur von den Grundbausteinen der Nahrung profitiert, sondern besonders vom natürlichen Licht, das die Nahrung im Wachstumsprozess aufgenommen hat. Erinnern Sie sich oder probieren Sie im nächsten Urlaub bewusst: Wie schmecken frische Tomaten in Griechenland oder Spanien?

Lassen Sie sich Zeit zum Essen. Essen Sie bewusst, das heißt, besinnen Sie sich darauf, dass das Essen nicht nur für den Magen ist, der knurrt, sondern Nahrung für Geist und Seele. Schaffen Sie sich mindestens einmal in der Woche einen schönen Rahmen zum Essen, ob allein oder mit anderen.

Den Alltag reformieren

Jetzt packen Sie alles zusammen und krempeln Sie Ihren Alltag um.

Begrüßen Sie den Tag mit einem Lächeln vor dem Spiegel. Wenn Sie daraus ein freundlicher Mensch anguckt, fängt der Tag gleich anders an. Denken Sie daran, das Denken bestimmen Sie. Den Kreislauf ankurbeln mit Gähnen, Recken, einem Kurzgymnastikprogramm, fröhliche Muntermachermusik auflegen. Gibt es wirklich einen Radiosender, der das für Sie Richtige bringt? Ansonsten eine CD aus Ihrem Muntermachermusikstapel.

Frühstücken Sie mal nicht während des Anziehens oder auf dem Weg zur Arbeit oder nur den schwarzen Kaffee, sondern starten Sie mit einem Glas Fruchtsaft, Joghurt mit frischen Früchten.

Bei Stress auf dem Weg zur Arbeit proben Sie den neuen Schuss Gelassenheit. Sie entscheiden, welches Gefühl Sie in welcher Situation ausleben, nicht die Situation selbst. Schmunzeln Sie über die verärgerten, verschlafenen Gesichter Ihrer «Arbeitswegmitmenschen». Suchen Sie sich ein Gesicht, das auch schmunzelt oder wach ist.

Am Arbeitsplatz starten Sie mit zwei Minuten Konzentration und dem inneren Leitsatz: «Es wird ein guter Tag. Ich bin voll guter Kraft für die kommenden Aufgaben.»

Denken Sie an die dreimal fünf Minuten Entspannung.

Denken Sie an ein gutes Mittagessen. Lassen Sie es nicht ausfallen. Ein kurzer Spaziergang nach dem Essen oder ein kurzer Blick in den Himmel und ein paarmal durchatmen.

Nach der Arbeit muss die Seele gestreichelt werden, und wer könnte das zuverlässiger als Sie selbst? Sie haben sich immer dabei. «Was hat geklappt? Was war positiv? Welche guten Momente gab es?» Das, womit Sie unzufrieden waren, schreiben Sie auf einen Zettel für später, jetzt müssen Sie sich erst einmal regenerieren, und das geht nicht mit negativen Gedanken. Also ein bisschen Sport, Bewegung, Entspannung, Musik. Sie haben ein ganzes Repertoire an Dingen, die Ihnen gut tun. Jetzt ist der Moment, sie einzusetzen.

Der Ausklang am Abend sollte mit positiven Gedanken zum Einschlafen enden. Die Kraft für den nächsten Tag wird gebraucht.

Das Auftank-Wochenende

Überlegen Sie, ob Sie ein paar Urlaubstage nehmen und einen spontanen Kurzurlaub machen können. Oder einen freien Tag – besser zwei – an ein Wochenende anhängen können. Das Gefühl, unbelastete Tage vor sich zu haben (nicht nur den Sonntag), ist ein zusätzliches Erholungsmoment.

Steigen Sie aus dem Alltag aus, aber bewegen Sie sich in die richtige Richtung. Fragen Sie sich, wovon Ihr Alltag im Moment am stärksten belastet ist. Woran denken Sie als Erstes, wenn Sie morgens aufwachen, was fürchten Sie am meisten? Was können Sie tun, um dem für ein Wochenende oder ein paar freie Tage zu entkommen?

Örtliche Veränderung und «Tapetenwechsel» sind dafür in aller Regel gut. Sie können allerdings auch zur Überforderung werden, wenn man sich in zu wenig Zeit zu viel zumutet – zum Beispiel einen Last-Minute-Flug für nur eine Woche im Winter in die Tropen.

Organisieren Sie sich etwas, was Sie physisch und psychisch unmittelbar kräftigt: Sauna und Massage; Sonntagsbrunch mit guten Freunden; oder einem Aufenthalt an einem Ort, der für Sie ein «Kraftort» ist – jeder kennt solche Orte, die ihn aufatmen und aufleben lassen, das Meer, ein Wald, die Berge, eine bestimmte Stadt.

Wenn Sie nicht wegfahren können oder wollen: Entrümpeln Sie ein Wochenende konsequent von üblichen Pflichten und Routinen, von Einkäufen, Waschmaschinenprogrammen etc. Gehen Sie zum Frühstück in ein Café mit der Muße, dort die gesamte Wochenendausgabe der Zeitung zu lesen. Gehen Sie in ein Museum, in dem sie noch nie waren, fahren Sie in ein Stadtviertel (ein Dorf, ein Tal), das Sie kaum kennen, und öffnen Sie Ihre Wahrnehmungskanäle für das, was dort neu, anders, einzigartig ist.

Verabreden Sie für ein Wochenende mit Ihrem Partner oder Ihrer Familie Rollenwechsel. Jeder übernimmt eine andere Aufgabe als üblich, vom Frühstück bis zum Abendessen, inklusive der Wahl des Ausflugsziels.

Buchen Sie ein Wochenend-Programm, das Ihre Kreativität anspricht oder Ihr Leben mit einer Innovation bereichert – einen Kochkurs, einen Clowns-Workshop, ein Zauber-Seminar.

Haben Sie Ihr Leben genügend unter Kontrolle? Haben Sie ausreichend oft das Gefühl, entspannt, gelassen und gelöst zu sein? Hatten Sie viele rote Bereiche in dem Stresszeichentest? Hat Ihr Körper schon gesprochen? Parallel zu den körperlichen Warnsymptomen entwickeln sich seelische Gefahrenzeichen.

Tabelle der seelischen Warnsignale

Überprüfen Sie jetzt mit dem folgenden Test Ihre Belastung anhand Ihrer Reaktionen auf der psychischen Ebene:

Wie oft regen Sie sich wegen so genannter Kleinigkeiten auf?	0 = nie, 1 = fast nie, 2 = manchmal, 3 = ziemlich oft, 4 = sehr oft	
Wie oft fühlen Sie sich gereizt und überbeansprucht?	0 = nie, 1 = fast nie, 2 = manchmal, 3 = ziemlich oft, 4 = sehr oft	
Wie oft haben Sie das Gefühl, dass Ihnen die Kontrolle über die wichtigen Dinge Ihres Lebens entgleitet?	0 = nie, 1 = fast nie, 2 = manchmal, 3 = ziemlich oft, 4 = sehr oft	
Wie oft haben Sie ein selbstsicheres Gefühl, Ihre persönlichen Probleme gut meistern zu können?	4 = nie, 3 = fast nie, 2 = manchmal, 1 = ziemlich oft, 0 = sehr oft	
Wie oft haben Sie das Gefühl, dass Ihnen Ihre Schwierigkeiten über den Kopf wachsen?	0 = nie, 1 = fast nie, 2 = manchmal, 3 = ziemlich oft, 4 = sehr oft	
Wie oft fühlen Sie, dass Sie gelassen über den Dingen stehen können?	4 = nie, 3 = fast nie, 2 = manchmal, 1 = ziemlich oft, 0 = sehr oft	
Wie oft fühlen Sie, dass sich die Dinge nach Ihren Vorstellungen gut entwickeln?	4 = nie, 3 = fast nie, 2 = manchmal, 1 = ziemlich oft, 0 = sehr oft	
Wie oft sind Sie in der Lage, Stress und Ärger in Ihrem Umfeld gut zu kontrollieren?	4 = nie, 3 = fast nie, 2 = manchmal, 1 = ziemlich oft, 0 = sehr oft	
Wie oft müssen Sie sich über Dinge ärgern, die außerhalb Ihrer Kontrolle liegen?	0 = nie, 1 = fast nie, 2 = manchmal, 3 = ziemlich oft, 4 = sehr oft	
Wie oft haben Sie das Gefühl, mit den Anforderungen an Sie nicht mehr Schritt halten zu können?	0 = nie, 1 = fast nie, 2 = manchmal, 3 = ziemlich oft, 4 = sehr oft	
	Summe	

Überlegen Sie bitte: «Wie war es in den letzten vier Wochen?» Schreiben Sie die Antwortzahl in das letzte Kästchen und addieren Sie die Gesamtsumme zum Schluss.

Je höher Ihre Punktzahl, desto höher Ihre chronische Belastung. Der Durchschnittswert liegt bei ca. 13 Punkten. Liegen Sie sehr viel darüber, schauen Sie auch noch einmal auf die Stresszeichenliste. Wie viele körperliche Stresszeichen haben Sie dort schon identifizieren können?

Wenn Ihre Punktzahl nun erheblich über dem angegebenen Durchschnittswert liegt, dann müssen Sie dringend an Ihrer Erholung arbeiten. Ja, arbeiten: Erholung bedeutet wirklich Arbeit für Sie, weil der natürliche Wechsel von Anspannung und Entspannung in Ihrem Alltag verloren gegangen und in Ihrem Leben nicht mehr selbstverständlich ist.

Stresspause – Erholungskrise?

Wenn Sie hoch stressbelastet sind, kann es in Ihrem Urlaub anfangs eine massive Krise geben. Mit der Ruhe, die Sie plötzlich haben, können Sie nichts anfangen, fühlen sich unruhig, werden vielleicht sogar krank. Diese Krise, die viele am zweiten Urlaubstag erleben, kann grippeähnliche Symptome haben, von Migräne, Magendruck und Fieber begleitet sein. Dies sind Symptome einer Struktur-Krise, in der Sie stecken.

Aber der Urlaub bietet auch eine besondere Chance, mit ihr fertig zu werden. Sie haben die Gelegenheit, viel an frischer Luft und in Bewegung zu sein – das hilft Ihnen bei der Bewältigung Ihrer inneren Unruhe und es stärkt Ihre angeschlagene Immunabwehr. Und Sie müssen sich im Urlaub nicht an den üblichen Rhythmus des Alltagslebens halten. Das bietet Ihnen die Chance, den verlernten Wechsel von Anspannung und Entspannung neu zu erlernen. Es gibt viele Wege, auf denen Sie das erreichen können.

Sie können sich beispielsweise ein Buch über Astronomie besorgen und eine Nacht der Beobachtung von Sternen widmen. Dafür legen Sie sich am folgenden Tag zu einem ausgiebigen Mittagsschlaf nieder.

Frühstücken Sie zwei Stunden und lassen dafür das Mittagessen ausfallen.

Bleiben Sie morgens im Bett und setzen Sie die Lektüre des spannenden Buches vom letzten Abend fort.

Machen Sie den langen Spaziergang in den Abend hinein, wenn alle anderen zurückkommen.

Buchen Sie einen Segeltörn, bei dem Sie selbst mit Hand anlegen müssen und in den Bordrhythmus von Wache und Freiwache integriert werden.

Machen Sie in einer rauschenden Ballnacht oder in der Disko um die Ecke die Nacht zum Tage und den nächsten Tag zur Nacht.

All das sind Tricks, um die innere Uhr abzuschalten, die Sie sonst in gewohntem Rhythmus und auf altem Anspannungspegel hält. Vergessen Sie nicht, dass bei Ihnen schon das eine halbe Minute zu lange gekochte Frühstücksei eine Stressattacke auslösen kann. Deswegen brauchen Sie List, um den Reiz-Reaktions-Automatismus, in dem Sie gefangen sind, aufzubrechen. Und Sie brauchen Zeit. Unter drei Wochen haben Sie kaum eine Chance, den notwendigen Bruch mit der Stress-Struktur Ihres Lebens hinzukriegen.

Vergessen Sie nicht: Sie müssen im Urlaub nichts müssen. Nutzen Sie diesen Freiraum. Sorgen Sie für Rhythmusveränderung und für die Auflösung Ihres Alltags-Zeit-Taktes. Sie sind die Voraussetzungen innerer Gesundung und wirklicher Erholung.

6 Wie reif sind Sie für den Urlaub?

Sie pfeifen nicht auf dem letzten Loch? Ihr Energiefass ist noch ansehnlich voll? Sie sehen dem nächsten Urlaub nicht wie ein Wüsten-Wanderer dem Glas Wasser entgegen?

Großartig! Dann stimmt offenbar Ihre Energiebilanz und Sie haben Ihren Alltag einigermaßen im Griff.

Trotzdem sollten Sie sich die Zeit nehmen, über zwei Fragen nachzudenken. Die eine: Welche Schiefhaltung, welche Belastungen, welche Defizite gibt es in Ihrem Leben?

Und die zweite: Wie war Ihr letzter Urlaub wirklich?

Wie hoch ist Ihre seelische Belastung?

Spezifische Belastungen des Lebens führen zu spezifischen Schiefhaltungen. Wir hatten das am Beispiel meines Freundes Franz gesehen und an der missglückten Kreuzfahrt von Susanne.

Ich kenne wenige Menschen, denen das Glück gegönnt ist, immer gerade zu stehen. Die meisten haben Stresspakete zu schleppen, einseitige Alltagsbelastungen zu ertragen, Anteile ungelebten Lebens zu erdulden. Zehn, elf Monate lang. Dann hat die Mehrzahl von ihnen die Chance, sich für drei, vier, fünf oder sogar sechs Wochen gerade zu machen – Alltagsdefizite, Belastungen und Persönlichkeitsverbiegungen auszugleichen. Dazu aber muss man sie kennen.

Fragebögen zu seelischen Warnsignalen

«Was belastet Ihr Leben? Was sind Ihre Krafträuber?»

1. Welchen Alltagsverbiegungen sind Sie ausgesetzt?
In meinem Alltag spielen folgende Themen überwiegend eine Rolle:

Macht	*weder/noch*	*Ohnmacht*

Im beruflichen und/oder im privaten Bereich fühle ich mich eher in einer mächtigen Position (ich habe die Kontrolle) oder in einer ohnmächtigen Stellung (ich muss aushalten).

Leistung	*weder/noch*	*Versagen*

Mein Alltag steht unter einem ständigen Leistungsthema oder ich fühle mich andauernd wie ein Versager.

Nähe	*weder/noch*	*Distanz/Fremdheit*

In meinem Alltag spüre ich Nähe, kann sie zulassen, oder ich fühle mich isoliert, einsam oder gehe auf Distanz.

Sicherheit	*weder/noch*	*Unsicherheit*

Mein Alltag ist geprägt von einem sicheren Gefühl, meinen Platz im Leben innezuhaben, ob beruflich oder privat, oder ich fühle mich grundlegend verunsichert, was die Grundfesten meines Lebens angeht, etwa die berufliche oder private Entwicklung.

Wie oft haben Sie Ihr Kreuz auf der rechten Seite, wie oft auf der linken gemacht? Welche Defizite und Belastungen ergeben sich daraus? Haben Sie bei Ihren Urlaubsplanungen versucht, solche Defizite aktiv auszugleichen?

2. Wie gut fühlen Sie sich insgesamt?
Überlegen Sie bitte: «Wie war es im letzten halben Jahr?» Schreiben Sie die Antwortzahl in das letzte Kästchen und addieren Sie die Gesamtsumme zum Schluss.

Wie gut ist Ihre physische Verfassung?	0 = sehr gut, 1 = mittelmäßig, 2 = schlecht	
Was fehlt Ihnen? Was täte Ihnen gut?		
Wie stark ist Ihr beruflicher Alltag belastet?	2 = sehr stark, 1 = mittel, 0 = kaum	
Welche Art der Belastung – körperliche, einseitige Belastung, wechselnde Arbeitsrhythmen, Schichtarbeit, hohe Konzentrationsanforderungen, hohes Tempo, Termindruck oder zwischenmenschlicher Stress, Mobbing, gesteigertes Mitgefühl in helfenden Berufen?		
Wie stark ist Ihr Familienleben/ Ihre Partnerschaft belastet?	2 = sehr stark, 1 = mittel, 0 = alles o.k.	
Wovon? Wenig Zeit miteinander, unausgesprochene Probleme, auseinander klaffende Interessen und Lebensvorstellungen, nicht verziehene Enttäuschungen?		
Wie stark sind Sie von fehlender Partnerschaft/von Einsamkeit belastet?	2 = sehr stark, 1 = mittel, 0 = kaum	
Wie vollständig sind Ihre sozialen Kontakte?	0 = ausgeglichen, 1 = könnte besser sein, 2 = keine Zeit	
Wenig Zeit für Freunde, kaum Außenkontakte, wenig tiefe Freundschaften?		
Wie groß ist Ihr Interessen- und Aktivitätsspektrum?	0 = ausgeglichen, 1 = könnte besser sein, 2 = keine Zeit	
Sind Hobbys verloren gegangen, einseitige Ausrichtung auf Beruf, keine Zeit für kulturelle Interessen, Bücher, Spiele, Freizeitaktivitäten?		
	Summe	

Wenn Sie in einem der Bereiche eine «2» angekreuzt haben oder insgesamt mehr als fünf Punkte haben, sollten Sie dringend prüfen, wie Sie gezielt diese Defizite auffangen können.

Der Urlaub ist dafür eine ideale Initialzündung. Was Sie brauchen, müssen Sie selbst herausfinden. Ist es die alte Spannkraft, dann können Erholung und sportliche Anregung im Vordergrund stehen; ist es der Abstand vom Beruf, dann prüfen Sie, was im Urlaub als Gegengewicht zum Alltag wirken kann; ist es die Partnerschaft, dann ist es unabdingbar, schon vor dem Urlaub mit dem Partner ins Gespräch zu kommen, um die Planung zu einer ersten gemeinsamen Sache zu machen; ist es die Isolation, dann steht nicht der Urlaub auf einer einsamen Insel oder einer abgelegenen Berghütte an, sondern die Überlegung, mal wieder mit alten Freunden Kontakte aufzufrischen oder über neue Hobbys oder Sportarten Gleichgesinnte zu gewinnen.

So ein Urlaub kann aber nur der Einstieg sein: lässt Lust an alten Hobbys wieder aufkeimen, zeigt, wie schön und entlastend gute Gespräche sein können mit dem Partner, zeigt wieder neue und alte Gemeinsamkeiten, lässt Abstand zum Beruf entstehen. Aber die eigentliche Arbeit fängt erst nach dem Urlaub an. Es gilt, den Alltag zu verändern.

7 Wie war Ihr letzter Urlaub wirklich?

Probleme, die den Urlaub belasten

Manche Urlaubsprobleme, über die mir berichtet wird, gleichen dem unteren Teil des Kofferinhalts. Wie die T-Shirts und Socken, die dort liegen, hat man sie völlig gedankenlos an den Urlaubsort mitgeschleppt. Daneben gibt es die äußeren Probleme, auf die man am Urlaubsort trifft. Schlechtes Wetter, schlechtes Hotel, schlechte Menschen. Besonders heimtückisch (und häufig) aber ist die Konstellation, dass die inneren und die äußeren Probleme eine Koalition bilden und gemeinsam Krieg gegen Urlaubsfreude und Erholung führen.

So war es bei Harald.

Harald oder Wenn Regen in die Seele nieselt

Harald war Kundenbetreuer bei einer großen Software-Firma und hatte viele Monate harter Arbeit hinter sich. Allerdings hatte er auch sehr gut verdient, seine Company verfügte über ein ausgeklügeltes System von Gewinnbeteiligungen und Bonus-Leistungen, die als warmer Regen auf Haralds Konto niedergegangen waren. Jeder bestimmt in dieser Firma die Länge seines Urlaubs selbst, schmälert aber mit jedem Tag, den er weg ist, seinen Verdienst. Erholung wird da buchstäblich kostbar. Zehn Tage mussten deswegen reichen – die sollten aber auch ein ganz besonderer Urlaub werden.

Es war Mai und das Ziel klar: die Toskana. Für sich und

seine Freundin Marion hatte Harald eine luxuriöse Suite in einem ehemaligen Weingut gebucht, das strategisch günstig im Herzen des schönen Hügellandes lag, sodass Florenz, San Gimignano und Siena in Tagesausflügen leicht zu erreichen waren und man abends zum gerühmten Abendessen wieder auf dem Weingut sein konnte. Zwei Erste-Klasse-Flüge nach Florenz und am Flughafen ein gemietetes Cabriolet – Harald hatte an alles gedacht.

Nur nicht an die Unwägbarkeit des Wetters. Es regnete! Im italienischen Mai! Den ersten Tag, den zweiten Tag, den dritten Tag. Und so weiter. Die Italiener blickten in den grauen Himmel, schüttelten den Kopf und sagten: «Incredibile!» Harald sagte gar nichts. Mit zusammengebissenen Zähnen steuerte er das geschlossene Cabriolet durch die Zypressenhügel, die im klammen Nieseldunst lagen. Grau und kalt plätscherte der Regen in die Gassen der alten Städte und in den Swimmingpool des Weinguts. Und in Deutschland, das hörte Harald abends am Telefon, lachte die Sonne an einem strahlenden Himmel.

Marion machte das Beste aus dem schlechten Wetter. Sie stöberte in Boutiquen, bummelte begeistert durch Museen und Galerien und verbrachte viel Zeit mit Büchern und Zeitschriften im Bett. Allerdings nicht mit Harald. Dem verdarb der Regen nicht nur die Stimmung, sondern auch die Lust. Morgens um sieben sprang er aus dem Bett und riss hoffnungsvoll die Vorhänge auf, um dann mit einem Fluch und grauem Gesicht abermals in rauschenden Regen zu starren.

Marion ertrug die Übellaunigkeit des Freundes anfangs wie das Wetter mit Galgenhumor. Als sein Gesicht und seine Flüche aber mit jedem Tag länger wurden, da wurde sie ebenfalls wütend. «Dieses ewige Geschimpfe über das Wetter, du benimmst dich wie ein Kind!» Nach diesem Streit begann sie, den inneren Rückzug anzutreten. Schweigsam saß sie neben ihm im Auto. Und auf dem Weingut verkroch sie sich sofort in ihre Lektüre.

Sie war es, die mir nach diesem verkorksten Urlaub davon erzählte, voller Empörung und Unverständnis darüber, dass jemand so unfähig ist zu pragmatischem Umgang mit Urlaubsumständen, die ja zu einem großen Teil immer noch beneidenswert waren. «Wir hatten eine tolle Suite, wir hatten uns, es gab exzellentes Essen, immer mit Kerzenlicht und Kaminfeuer – ist es nicht einfach kindisch, das alles nicht genießen zu können?» Marion redete sich in Rage. «Nein, idiotisch ist es! Und dann hat er auch noch versucht, bei mir Trost zu suchen, dieser nörglerische Jammerlappen!»

«Kindisch ist wahrscheinlich das richtige Wort für Haralds Verhalten», sagte ich. «Dein Freund hat sich gefühlt wie ein Kind, das während des ganzen Jahres brav war und auf den Weihnachtsmann wartet, und dann kommt der und bringt ihm nichts.» Sie begriff nicht. «Was hat der Regen damit zu tun?»

Ich versuchte, es ihr zu erklären, aber es war nicht einfach. Sonne im Urlaub bedeutet den meisten Menschen mehr als nur gutes Wetter. Sie wird als Ausdruck einer Belohnung empfunden, die man verdient hat. Sonne ist nicht einfach nur Wärme- und Lichtquelle, sondern der Garant von Harmonie. Harald hatte schwer gearbeitet, sich mit tausend Problemen herumgeschlagen und das Gefühl, jetzt im Urlaub einen Anspruch auf Belohnung zu haben. Den Regen empfand er wie eine Bestrafung. Als Verweigerung der Harmonie, auf die er doch einen Anspruch hatte. «Dein Harald fühlte sich betrogen, hintergangen, gelinkt. Das hatte er nicht verdient. Deswegen wollte er getröstet werden.»

«Aber da gab es doch genügend Möglichkeiten, Harmonie zu erleben», wandte Marion ein, «beim Essen, in den Museen, im Bett.»

«Nicht für ihn. Er hatte seine innere Disharmonie mit in die Toskana geschleppt und geglaubt, dass sie dort geheilt wird. Von den Harmonieerlebnissen mit dir, mit der Landschaft und der Küche, vor allem aber von der Sonne, der großen Harmoniestifterin, die ihm den Kopf streicheln sollte wie eine Mutter ihrem wütenden Kind. Dass sie sich nicht blicken ließ, empfand er als ungerecht; das machte es ihm unmöglich, seine eigene Disharmonie zu überwinden.»

«Im Gegenteil», sagte Marion. «Er ist immer tiefer hineingerutscht. Denn er hat natürlich gemerkt, wie enttäuschend ich ihn als Mann fand.»

So hatte Harald in diesem denkwürdigen Urlaub schließlich jede Chance zur Erholung verspielt und jede Möglichkeit eines Energie-Zugewinns – den er dringend brauchte – versäumt. Auch die Partnerschaft war nach zehn Tagen Toskana zu einer Quelle von Ärger geworden.

«Bist du denn überhaupt noch interessiert an Harald?», fragte ich Marion.

«Im Prinzip schon», antwortete sie zögernd.

«Dann lade ihn, wenn du es dir leisten kannst, zu einem Kurztrip in die Sonne ein. Dann fühlt er sich doppelt belohnt und ist offen für ein Gespräch über die Ursachen des schief gegangenen Urlaubs.»

Haralds Enttäuschung war ein klassisches Beispiel für einen Urlaub, der scheinbar von einem vorgefundenen Problem am Urlaubsort, in Wahrheit aber von einem mitgebrachten belastet war. So ist es – Krankheit und Unfälle ausgenommen – eigentlich immer. Schlechtes Wetter definiert sich durch unpassende Kleidung. Wenn es zu einem anderen Problem wird, steckt auch etwas anderes dahinter.

Besonders problematisch wird es, wenn das, was dahinter steckt, auch der Familie oder dem Partner die Erholung verdirbt. Ein noch so großes Malheur, über das beide lachen können, ist keins. Aber die Fliege an der Wand, die den einen aufregt und den anderen kalt lässt, kann zum Riesenproblem werden.

Deswegen müssen Menschen, die gemeinsam Urlaub machen, sich rechtzeitig mitteilen, was sie von diesem Urlaub erwarten, und die Reaktionen auf eine mögliche Enttäuschung dieser Erwartung besprechen. Wenn das Hotelzimmer so hellhörig ist, dass die Nachbarn bei der Liebe dabei sind, was tun *wir* dann? Wenn die Straße zu laut, der Strand zu schmutzig, der Kinderspielplatz zu unsicher, das Wetter zu schlecht ist, was ist *unsere* Strategie?

Man wird nicht für jedes denkbare Problem konkrete Verhaltensweisen verabreden können. Aber das Gespräch hilft, klarzumachen, welche Empfindlichkeiten und welche Essentials jeder hat. Das erleichtert die Rücksichtnahme und die Kooperation im konkreten Konfliktfall.

Außerdem fallen einem bei einem solchen Gespräch auch die Konflikte und kleinen Ärger-Anlässe zurückliegender Urlaube wieder ein, und man kann Vorkehrungen treffen, um solche Launetöter und Erholungskiller zu vermeiden.

Ich entsinne mich eines Urlaubs, in dem es zwischen mir und meiner Begleiterin anfangs zu Auseinandersetzungen wegen der Fahrgeschwindigkeit kam. «Fahr nicht so schnell!», forderte sie auch dann, wenn ich auf gerader trockener Strecke dieselbe Geschwindigkeit hielt wie der mit großem Abstand Vorausfahrende und der mit ebenso großem Abstand hinter mir Fahrende. Als ich das Tempo drosselte, kam der Wagen hinter mir immer näher, saß mir im Nacken und suchte eine Überholmöglichkeit. Ich beschleunigte etwas. «Fahr nicht so schnell!»

Viele Möglichkeiten waren denkbar. Vielleicht wollte sie so entspannt wie möglich mit mir zusammen sein. Vielleicht konnte sie aber auch den Kontrollverlust in ihrer Rolle als Beifahrerin schwer verkraften. Ich hatte die Wahl, das Fahrtempo zum Dauerstreit dieses Urlaubs werden zu lassen oder mir klarzumachen, dass mir an der Begleitung dieser Frau etwas lag, und ihr Problem mit der Geschwindigkeit – worauf auch immer es beruhte – zu akzeptieren. Ich entschied mich für Letzteres, fuhr fortan vorsätzlich langsam, litt zwar darunter, meinem eigenen Tempogefühl nicht folgen zu können, hatte aber einen streitfreien Urlaub.

Viele «Kleinigkeiten» können im Urlaub plötzlich eine große Bedeutung bekommen, weil Dauer und Intensität des Zusammenseins sprunghaft zunehmen. Das geköpfte Frühstücksei, das man am Wochenende gerade noch erträgt, kann als allmorgendliche Prozedur zum Graus werden. Wenn es wirklich nur um das Ei geht, sollte es in jeder Partnerschaft möglich sein, solche Störer der Urlaubsharmonie zu benennen und zu vermeiden. Wenn man allerdings der Meinung ist, im Köpfen des Eis drücke sich ein beängstigender Wesenszug des Partners aus, dann hat man kein Urlaubs-, sondern ein Partnerschaftsproblem.

Dass solche Partnerschaftsprobleme oft gerade im Urlaub zum Ausbruch kommen, hat einen einfachen Grund: Am Urlaubsort gibt es weniger Rückzugsmöglichkeiten als im Alltag. Der alltägliche Wechsel zwischen Familien- und Berufswelt entfällt, und der Raum, auf dem man zusammenlebt – häufig nur ein Zimmer –, ist enger. Nicht nur den angesetzten Winterspeck entblößt man am Strand vor dem Partner, sondern auch den angesammelten Frust, der am Zimmermädchen abreagiert wird, oder die Feigheit vor dem Oberkellner.

Im Urlaub wird alles sichtbarer, die soziale Kompetenz und die Defizite, Stärken und Schwächen und Schieflagen – auch die der Partnerschaft. Die Chance, mehr Zeit miteinander zu verbringen, kann nur nutzen, wer damit etwas anfangen kann. Gemeinsamer Urlaub bietet immer beides – Risiko und Chance. Mein Freund Thomas machte damit besondere Erfahrungen.

Thomas oder Wenn Holiday zum Blues wird

Thomas ist ein zupackender Typ. Mitte vierzig, Siegerlächeln, breite Schultern, die er sich gern voll packen lässt. Ein Mann, der die Frauen beeindruckt. Er hat eine Facharzt-Ausbildung zum Orthopäden und beschloss eines Tages, sich als Sportmediziner niederzulassen. Der Anlass war die Schwangerschaft seiner Freundin. «Jetzt», sagte Thomas, «muss Geld her.» Deswegen beteiligte er sich auch noch an einer kleinen Belegklinik, die auf Sportchirurgie spezialisiert war. Wochentags stand Thomas jetzt um fünf Uhr auf, operierte um sieben seinen ersten Meniskus, fuhr mittags in die Praxis, versorgte bis zum Abend Patienten und machte dann seine Post und die Abrechnungen. Vor zehn Uhr abends war er selten zu Hause. Selbst die Wochenenden fielen weitgehend Besuchen in der Klinik und der obligatorischen Fortbildungslektüre zum Opfer. «Da muss man durch», sagte Thomas achselzuckend. «Aufbauphase.»

Seine Freundin Marianne sah es anders. Für sie war es die Lebensphase, in der ihre Tochter geboren wurde und begann, die Welt zu entdecken. Es war eine weitgehend vaterlose Welt. Immer öfter kam es darüber zu Auseinandersetzungen, die fruchtlos blieben, weil es für Thomas keine Alternative gab. Auch mir gegenüber klagte Marianne, die sich von Thomas zunehmend getäuscht fühlte. Verliebt hatte sie sich in einen starken Sonnyboy; jetzt lebte sie mit einem Mann zusammen, der – wenn er ihr überhaupt seine Anwesenheit schenkte – am Ende seiner Kräfte war und sich für die Fortschritte seines Kindes kaum interessierte.

Ich machte mir Sorgen um Thomas, der dabei war, sich physisch und psychisch zu ruinieren. Ein paarmal versuchte ich, ein ernsthaftes Gespräch mit ihm zu führen, aber er reagierte jedes Mal beschwichtigend oder abwehrend. Nachdem er mehr als anderthalb Jahre durchgepowert hatte, rief er mich eines Tages an und sagte: «Du wirst es nicht glauben, aber ich mache Urlaub.»

Er hatte ein Haus in Ramatuelle gemietet, einem wunderschönen kleinen Dorf oberhalb von St. Tropez. «Wir fliegen bis Nizza», sagte er, «lassen uns dann mit dem Taxi hinbringen. Und dann nur noch Ruhe. Schlafen und lesen und mit meinem Kind spielen und dreigängige Menüs kochen. Ich freu mich wahnsinnig darauf.»

Den Fortgang der Geschichte erfuhr ich von Marianne nach ihrer Rückkehr. «Es war wirklich ruhig dort», erzählte sie, «geradezu grabesstill.» Die Häuser des Dorfes sind fast alle im Besitz wohlhabender Franzosen, und die gingen in der Nebensaison, in die Thomas seinen Urlaub gelegt hatte, ihren Geschäften in Paris und Lyon nach. Die Häuser standen leer, und das luxuriöse Hotel wurde renoviert. «Es gab einen Laden und ein Café», sagte Marianne, «sonst nichts.»

Ein wenig Ablenkung, ein paar Angebote an Sport oder Unterhaltung hätte Thomas aber gebraucht. Er kam aus einem hoch strukturierten und belasteten Alltag und fiel in eine Art Vakuum. «Er wusste gar nicht, was er zuerst machen sollte, spielte fünf Minuten mit Corinna, lief dann los, um einzukaufen, fing an, Gemüse zu putzen, hatte aber dann doch keine Lust zu kochen und wollte lieber lesen. Das hielt er genau 15 Minuten durch. Dann wollte er wieder mit seiner Tochter spielen, aber die war inzwischen eingeschlafen. Da fiel ich ihm endlich ein und die Möglichkeit, mit mir schnell mal ins Bett zu gehen. Morgens schaffte er es allerdings nie, auszuschlafen. Sein innerer Wecker weckte ihn pünktlich um fünf und trieb ihn aus dem Bett. Dann hing er erst mal am Handy und telefonierte mit der Klinik. Ich hatte die ganze Zeit das Gefühl, Urlaub mit einem eingesperrten Löwen zu machen.»

Jetzt rächte es sich, dass Thomas kein Auto gemietet hatte. Dann hätte er seine Unrast wenigstens auf Spazierfahrten durch die Landschaft abreagieren, über die bunten Märkte der kleinen Landstädte schlendern und Käse und Wein probieren können. Vielleicht wäre er dabei ein wenig zur Ruhe gekommen. So stürmte er Tag für Tag durch sein Ferienhaus wie ein Tornado.

In einem Punkt hatte Thomas immerhin Glück. Mit dem Ungestüm, das er in diesem ruhelosen Urlaub entwickelte, gelang es ihm, seine Frau wieder zu beeindrucken. «Er stand die ganze Zeit neben sich», erzählte Marianne, «und war so wild und so hilflos wie ein kleiner Junge. Er tat mir Leid.»

So hatte dieser Urlaub, aus dem Thomas so gut wie unerholt in seine Praxis zurückkehrte, wenigstens partnerschaftlich ein Happy End. Und das nutzte die lebenskluge Marianne, um ihm ein paar Regeln – darunter ein grundsätzlich arbeitsfreies Wochenende – für das künftige Zusammenleben abzuhandeln und die Oberhoheit für die Planung des nächsten Urlaubs.

Ich empfahl ihr Louisiana, die wunderbare Anlage von Parks, Gärten und Ausstellungsgebäuden voll zeitgenössischer Kunst nördlich von Kopenhagen.

Ich wusste, dass Thomas ein Faible für Kunst hatte, dass ihm aber auf dem Anspannungsniveau, auf dem er lebte, die innere Ruhe und Muße fehlten, um sich mit Bildern oder Skulpturen zu beschäftigen. In Louisiana hatte ich selbst einmal erlebt, wie meine innere Harmonie mit der äußeren dieses bezaubernden Ortes in Einklang kam und meine Wahrnehmungskanäle geöffnet wurden. Man schlendert durch die weitläufigen Gartenanlagen, die kunstvoll den Wechsel von Blüten und Immergrün, gewaltigen Bäumen, weiten Rasenflächen und kleinen Höfen zelebrieren und immer wieder unverhoffte Blicke auf den Öresund freigeben. Man kann es bei dem Naturerlebnis belassen, wie es viele Kopenhagener tun, die sich dort sonntags zum Picknick niederlassen. Man kann aber auch immer wieder in einen der Ausstellungspavillons treten, das Natur- und das Kunsterlebnis abwechseln und beobachten, wie sie sich gegenseitig durchdringen und potenzieren. «Es wäre ein wunderbarer Urlaubseinstieg, um Thomas bei seiner inneren Unruhe abzuholen und in ruhigere Bahnen zu lenken», sagte ich Marianne. «Danach schafft er es dann vielleicht, mit eurer Tochter am Strand zu buddeln.»

Konfliktpotentiale im Urlaub

Einige der Probleme, die den missglückten Frankreich-Urlaub von Thomas und Marianne belastet hatten, sind wahre Klassiker. Man stößt auf sie immer wieder, wenn man den Gründen für einen gescheiterten Urlaub nachforscht. Es sind Probleme wie

- die Überforderung des Urlaubs durch zu viele Erwartungen. In einer Woche kann man nicht «Krieg und Frieden» lesen, ein toller Spielgefährte seiner Kinder sein, viel für die eigene Fitness tun, die Gattin verwöhnen und noch ein paar kreative Ideen für das nächste Projekt entwickeln. Wer alles versucht, wird nichts verwirklichen, Frust verbreiten und selbst frustriert sein.

- das Mitnehmen von belastenden Berufsthemen und ungelösten Alltagsproblemen in den Urlaub. Wer weiß, dass es sie in seinem Leben gibt und er sie im Urlaub nicht einfach vergessen kann, muss sich besondere Strategien für seine Erholung ausdenken. Für mich und viele andere ist Segeln oder das Unterwegs-Sein auf einem Boot beispielsweise eine solche Strategie: Da ist man auf dem Wasser und beschäftigt, und alle Sorgen sind an Land geblieben. Solche Möglichkeiten, auf positive Weise von einer Urlaubsbeschäftigung in Beschlag genommen zu werden – Wandern,

Radtouren, Rafting, Bergsteigen, aber auch Tanz- oder Töpferkurse –, existieren für jeden. Er muss sie nur finden – und einen Weg, sie mit den Bedürfnissen von Partner und Familie zu harmonisieren.

Fragebögen zu Konfliktpotentialen im Urlaub

Wenn Sie konkret wissen wollen, was den Urlaub zum Risikounternehmen werden lässt, gehen Sie folgende mögliche Konfliktquellen durch:

Überprüfen Sie, wie hoch Ihr Konfliktpotential ist, das Sie mit in den Urlaub nehmen:

Konfliktquelle: Sie selbst

Ich gehe seit Monaten auf dem Zahnfleisch.	ja	nein
Abends falle ich wie ein Baum um.	ja	nein
Ich komme abends nicht mehr ohne Alkohol oder Tabletten zur Ruhe.	ja	nein
Ich schaffe nur noch Routineaufgaben, alles, was Nachdenken und Überlegen erfordert, fällt mir derzeit schwer.	ja	nein
Ich bin neuerdings ständig gereizt.	ja	nein
Mich auf andere Menschen einzustellen ist mir derzeit zu viel.	ja	nein
Ich bin froh, wenn der Tag vorbei ist.	ja	nein
Am freien Wochenende beschleicht mich eine unerklärliche innere Unruhe.	ja	nein
Ich kann kaum noch stillsitzen und in Ruhe eine Zeitung lesen.	ja	nein

Wenn Sie hier einige «Ja's» angekreuzt haben, dann prüfen Sie noch einmal nach:

Wie überlastet, ausgebrannt sind Sie? Haben Sie noch Kraft, sich auf Erlebnisse einzulassen?

Wie viel Energie haben Sie, um einen abwechslungsreichen Urlaub zu gestalten?

Können Sie noch alleine abschalten, oder brauchen Sie dazu starke Außenreize, die Sie ablenken?

Wie viel Kraft haben Sie noch, sich auf andere Menschen einzulassen, Partner, Freunde, Gruppe?

Wie viel Kraft haben Sie noch, um sich auf Unwägbarkeiten einzulassen? Zum Beispiel Rundreise ohne geplante Stopps in reservierten, bekannten Hotels, Last-Minute-Reise, ohne zu wissen, in welchem Hotel man landet.

Konfliktquelle: Partner, Familie

Eigentlich ist schon lange ein ernstes Gespräch mit meinem/r Partner/in fällig.	ja	nein
Im Urlaub kann ich endlich mal all das an Aufmerksamkeit für meinen Partner nachholen, was er/sie in der letzten Zeit vermissen musste.	ja	nein
Es gibt da schon einen tieferen Konflikt mit meinem Partner, der in mir arbeitet und den ich bis jetzt noch nicht angesprochen habe.	ja	nein
Ich frage mich in letzter Zeit, ob wir wirklich gut zueinander passen.	ja	nein
Im Urlaub möchte ich ausprobieren, ob mein Partner und ich gut zueinander passen und in wichtigen Lebensfragen harmonieren.	ja	nein
Endlich kann ich wieder Zeit mit den Kindern verbringen.	ja	nein

Falls Sie bei mehreren Fragen «ja» angekreuzt haben, denken Sie bitte noch einmal kurz nach. Dies kann Ihnen helfen, den Urlaub nicht zur buchstäblich letzten Katastrophe in Ihrer Partnerschaft werden zu lassen.

Gibt es schwelende Konflikte in der Partnerschaft? Die werden nicht zu Hause bleiben, sondern – ob Sie wollen oder nicht – Urlaubsbegleiter sein.

Wollen Sie Vernachlässigungen des Partners aus dem Alltag wieder aufarbeiten?

Ist dies am geplanten Urlaubsziel möglich? Eignet sich die Urlaubsplanung überhaupt dazu? Gehen Sie sich, wenn Sie zu zweit alleine sind, nicht doch auf die Nerven? Oder haben Sie in einer Gruppenatmosphäre nicht zu wenig Zeit für sich zu zweit allein?

Wenn Sie Kinder haben, wo bleiben die? Haben die Kinder genug Ablenkung, Betreuung, sodass Sie sich Freiräume für sich schaffen können?

Mit Kindern in den Urlaub

Ich möchte endlich auch meinen dicken Schmöker zu Ende lesen können.	ja	nein
Urlaub bedeutet, auch mal nichts hören, sehen und entscheiden zu müssen.	ja	nein
Gerade im Urlaub brauche ich auch ein bisschen Ruhe für mich.	ja	nein
Ich habe meine Kinder gern, aber sie sollten sich auch mal selbst beschäftigen können.	ja	nein
Ich will im Urlaub nicht den Stress haben, mir dauernd Sorgen machen zu müssen, wo die Kinder gerade sind.	ja	nein
Ich möchte guten Gewissens auch mal abends ohne Kinder losziehen können.	ja	nein

Beim Urlaub mit Kindern und insbesondere, wenn Sie einige der Fragen mit «ja» beantwortet haben, sollten Sie sich folgende Punkte gemeinsam (Alleinerziehende, Elternteile und die Kinder) überlegen:

Sie wollen oder sollen (das gilt besonders für Väter) mal wieder mehr mit den Kindern zusammen sein. Liegt die Organisation gemeinsamer Aktivitäten ganz bei Ihnen? Kommen Sie in Planungsstress für spannende Kinderunterhaltung? Sind Sie Alleinunterhalter, oder gibt es genug Möglichkeiten für die Kinder, sich selbst zu beschäftigen (auf Altersstufen achten, auch wenn der Jüngste Spaß hat, können gelangweilte Teenager die Pest sein).

Welche Bedürfnisse der Eltern, der Kinder haben Vorrang? Lassen sich diese unterschiedlichen Bedürfnisse ausbalancieren?

Was wollen / brauchen Sie vom Urlaub?

Wie viel Zeit wollen Sie für sich alleine?

Wie viel Zeit mit den Kindern / Eltern?

Mehr Zeit mit einem bestimmten Kind / Elternteil?

Mehr Gespräche oder mehr Unternehmungen?

Was können die Kinder am Urlaubsort anfangen, gibt es für die jeweilige Altersstufe interessante Möglichkeiten?

Welche Freizeitutensilien, Spiele müssen Sie mitnehmen, welche gibt es vor Ort?

Wer trägt den Teddy, die Puppe, das Spiel, das unbedingt mitmuss?

Welchen Ärger, Konflikt, welches Dauerthema gab es letztes Mal?

Konfliktquelle: Finanzen

Ich liebe es im Urlaub, mich auf Floh- und anderen Märkten herumzutreiben und um Gegenstände zu feilschen.	ja	nein
Für mich bedeutet es die Verlängerung des Urlaubsgefühls, wenn ich die Taschen voll habe von Erinnerungen an den Ort, auch wenn sie letztlich nutzlos sind.	ja	nein
Im Urlaub möchte ich mir endlich mal was leisten können, ein gutes Essen, schöne Kleidung, Schmuck, Ausflüge.	ja	nein
Ich hasse es, wenn ich im Urlaub für jeden Tag nur einen bestimmten Betrag zum Ausgeben eingeplant habe. Ich möchte aus dem Vollen schöpfen.	ja	nein

Wenn Sie einige Fragen mit «ja» beantworten, dann stellen Sie doch noch folgende Überlegungen mit Ihrer Urlaubsbegleitung an:

Haben Sie ähnliche Vorstellungen über das Geldausgeben im Urlaub? Wie konfliktträchtig sind die «unnützen» Urlaubsandenken, die die Koffer und die häuslichen Regale füllen? Was wollen Sie sich leisten an Annehmlichkeiten, wo ist es unsinnig oder sinnvoll, zu sparen? Sind Sie sich einigermaßen einig darüber?

Haben Sie generell ein ausreichendes finanzielles Polster für den Urlaub? Nichts tötet Lust und Initiative so sicher, wie wenn man jede Mark zweimal umdrehen muss, auch wenn man am schönsten Urlaubsort ist.

Beispiel Bekanntschaften am Urlaubsort: Haben Sie ein Polster, um an einem gemeinsamen Ausflug, schönem Abendessen und dergleichen teilzunehmen? Auch die Kinder lernen am Urlaubsort schnell andere Kinder kennen und wollen dann auch gemeinsame Unternehmungen starten, die Geld kosten, zum Beispiel auch ein Eis, einen Drachen, einen Ausflug, die Eintrittskarte zum Schwimmspaß, Zoo oder Ähnliches.

Konfliktquelle: mangelnde Übereinstimmung

Wenn es Ihnen schwer fällt, sich zu diesen Fragen eine Meinung zu bilden, so denken Sie mal ein Jahr zurück.

Wie war es denn im letzten Urlaub?

Wie sehr haben Sie übereingestimmt beim ...

Umgang mit Geldausgaben	Oft Streitquelle	Gut übereingestimmt
Umgang mit Nähe und Distanzwünschen: mal allein sein wollen, dürfen oder unzertrennlich sein wollen/sollen	Oft Streitquelle	Gut übereingestimmt
Umgang mit Sex und Zärtlichkeit: genug, zu wenig, immer am falschen Ort	Oft Streitquelle	Gut übereingestimmt
Umgang mit fremden Sitten und Gebräuchen: gemeinsames Interesse oder Desinteresse	Oft Streitquelle	Gut übereingestimmt
Umgang mit Ungewohntem: Sprache, Essen, Fahrplanverlässlichkeit	Oft Streitquelle	Gut übereingestimmt
Umgang mit Krisensituationen: Flexibilität, Humor, Gereiztheit, Streit	Oft Streitquelle	Gut übereingestimmt
Umgang mit Bedürfnissen: nie Lust, mit dem anderen mal eine Kirche zu besichtigen, oder Bedürfnisse werden gegenseitig respektiert und auch umgesetzt	Oft Streitquelle	Gut übereingestimmt
Umgang mit Aufgaben, Organisation: immer alleine oder gemeinsam oder abwechselnd	Oft Streitquelle	Gut übereingestimmt
Umgang mit Zeit: Frühaufsteher versus Langschläfer, im Urlaub kommt es doch nicht auf eine Minute an, oder doch?	Oft Streitquelle	Gut übereingestimmt
Umgang mit Kindern: Balance der Bedürfnisse der Eltern und Kinder	Oft Streitquelle	Gut übereingestimmt

Markieren Sie die Antwort «Oft Streitquelle» mit rotem Stift, «Gut übereingestimmt» mit grünem Stift. Überwiegt Rot oder Grün?

Rückblick: Der Fototest

Statt auf die Krisen und Konfliktquellen zu schauen, können Sie sich die Frage auch umgekehrt stellen: Was hat Sie im Urlaub wirklich erholt – und glücklich gemacht?

Holen Sie sich die Fotos von Ihrem letzten Jahresurlaub und betrachten Sie sie. Welche sind besonders charakteristisch für diesen Urlaub? Was sehen Sie darauf?

Sind Sie es selbst – mit gebräuntem, entspanntem Gesicht, lächelnd – ein Gesicht, das im Alltag nicht vorkommt?

Ein Familienfoto? In welcher Situation entstand es? Gibt es einen grundsätzlichen Unterschied zwischen dieser Situation und denen Ihres Alltags? Welchen?

Ist es ein Foto Ihrer Kinder? Ist es eine Fun-Situation mit (neuen?) Freunden? Was hat den Spaß ausgemacht?

Wie haben Sie sich gefühlt in dem Augenblick, als das Foto entstand? Was unterscheidet dieses Gefühl von dem, das Sie im Augenblick haben?

Versuchen Sie sich an Ihr Körpergefühl zu erinnern: Hatten Sie das Gefühl, fester auf dem Boden zu stehen, sicherer? Durch nichts so leicht umgeworfen werden zu können? Den Menschen und der Welt mit innerem und äußerem Lächeln zu begegnen? Lust auf die Zukunft zu haben?

Schauen Sie sich noch einmal die Stresszeichentabelle weiter vorn an. Erinnern Sie sich an den damaligen Urlaub. Gab es damals auch schon Stresszeichen? Welche?

In welchem Umfang waren die Stresszeichen im Urlaub verschwunden?

Vollständig?

Wenn nein: Woran lag es?

Haben Sie «Stressoren» (zum Beispiel Arbeit oder Partnerschaftsprobleme) mitgenommen in den Urlaub?

Haben Sie die eigenen inneren Voraussetzungen für Entspannung und Erholung verloren?

Wenn ja: Wann sind Sie wiedergekommen?

Am ersten Arbeitstag?

In der ersten Arbeitswoche?

Im ersten Arbeitsmonat?

Haben Sie sich am Ende Ihres Urlaubs deutlich gekräftigt gefühlt?

Haben Sie sich deutlich gelassener und ausgeglichener gefühlt?

Ist es Ihnen leichter gefallen, nicht alles sofort persönlich zu nehmen?

Schauen Sie sich jetzt die Fotos Ihres letzten Urlaubs noch einmal an. Sind darunter auch welche, die Sie an negative Seiten erinnern? An Aspekte, die Sie verdrängt oder vergessen haben?

Unterkunft?	
Wetter?	
Essen/Trinken?	
Begleitung?	
Urlaubspublikum	
Unterhaltungsangebot?	
Bewegungsprogramm?	
Aktivitätsmöglichkeiten?	
Nichts?	

Was hätten Sie von heute aus betrachtet an Ihrem letzten Urlaub gern geändert?

Haben Sie daraus für den nächsten Urlaub die richtige Schlussfolgerung gezogen? Markieren Sie bitte bei den folgenden Antworten «nie» oder «selten» jeweils mit einem grünen Stift, «oft» oder «sehr oft» mit einem roten.

Wenn Sie Urlaub mit der Familie gemacht haben, wie oft haben Sie die daraus resultierenden Pflichten als Belastung empfunden?	nie – selten – manchmal – oft – sehr oft
Wie häufig hatten Sie das Gefühl, nicht das tun zu können, was Sie tun wollten?	nie – selten – manchmal – oft – sehr oft
Wie häufig hatten Sie ein Gefühl von Leerlauf, Langeweile, Unausgefülltheit?	nie – selten – manchmal – oft – sehr oft
Wie häufig hatten Sie das Gefühl, nicht die Ruhe zu bekommen, die Sie benötigen?	nie – selten – manchmal – oft – sehr oft
Wie häufig fühlten Sie sich einsam, verlassen, traurig?	nie – selten – manchmal – oft – sehr oft

Markieren Sie bitte bei den folgenden Antworten «nie» oder «selten» mit einem roten, «oft» oder «sehr oft» mit einem grünen Stift.

Betrachten Sie die Häufigkeit und die Verteilung der roten Markierungen. Ist das der Urlaub, der wirklich Ihren Bedürfnissen entspricht und Ihre Alltagsbelastungen ausgleicht? Stimmt die Bilanz für die Bereiche «Körperliches Wohlbefinden/Bewegung», «Soziale Kontakte», «Anregungen»?

Wie häufig waren Sie in Gesellschaft von Menschen, die Sie als anregend oder bereichernd empfunden haben?	nie – selten – manchmal – oft – sehr oft
Wie häufig haben Sie besonders harmonische und/oder erotische Stunden verbracht?	nie – selten – manchmal – oft – sehr oft
Wie häufig konnten Sie von Herzen lachen?	nie – selten – manchmal – oft – sehr oft
Wie häufig hatten Sie das Gefühl, eine neue Seite von sich kennen zu lernen?	nie – selten – manchmal – oft – sehr oft
Wie häufig hatten Sie Begegnungen mit Kultur oder Natur, die Sie als bereichernd empfunden haben?	nie – selten – manchmal – oft – sehr oft
Wie häufig hatten Sie das Gefühl, Ihren Körper gefordert und auf besondere Weise erlebt zu haben?	nie – selten – manchmal – oft – sehr oft

Noch ein kleiner Test:

Haben Sie noch Fotos oder Fotoalben eines Urlaubs, der ungefähr zehn Jahre zurückliegt? Nehmen Sie sie zur Hand und blättern Sie sie durch.

Was hat sich geändert?

Können Sie sich noch an die damaligen Glücksgefühle erinnern?

Haben Sie sie heute noch?

Welchen Sehnsüchten sind Sie damals im Urlaub gefolgt, welchen folgen Sie heute?

Welche Kompromisse haben Sie gemacht?

Können Sie zu ihnen stehen?

8 Urlaubszufriedenheit hat mit der Persönlichkeit zu tun

Welcher Erlebnis-Typ sind Sie?

Es gibt keine Rezepte, deren Anwendung so etwas wie Urlaubsglück und perfekte Erholung garantieren. Aber es gibt viele Fehler, die dem Erfolg von Urlaub im Wege stehen und die man vermeiden kann. Die Tests, die Sie gerade gemacht haben, geben Ihnen Hinweise für notwendige oder mögliche Korrekturen.

Weitere Hinweise können Sie aus der Erkenntnis beziehen, welcher Erlebnis-Typ Sie sind.

Gerade in Zeiten, in denen sich eine regelrechte Erlebnis-Industrie entwickelt, um die Zeit von Urlaubern zu füllen (und ihre Brieftaschen zu leeren), ist es wichtig zu wissen, welche Art von Erlebnissen man wirklich braucht.

Reize braucht jeder Mensch. Ohne sie verkümmert er wie eine Gefangener im Toten Trakt. Aber nicht jeder Mensch braucht die gleichen Reize. Der eine benötigt das echte Abenteuer, der andere nur das Buch darüber. So wie es heute einen gesellschaftlichen «Glückszwang» im Urlaub gibt, so gibt es auch einen Erlebniszwang. Doch auch im Reizentzug und der Konzentration auf weniges kann ein starkes Erlebnis liegen. Wer jedes Jahr in die gleiche Pension an der Nordsee fährt, ist nicht zwangsläufig ärmer dran als der Urlauber mit dem Round-the-World-Ticket in der Tasche. Für den einen realisiert sich ein Erlebnis nur im Reagieren auf äußere Reize, für den anderen finden Reize und Erlebnisse im Inneren statt.

Menschen unterscheiden sich darin, welcher Urlaubs- und

Erlebnistyp sie eigentlich sind. Dies hängt eng mit den ursprünglichen individuellen Persönlichkeitsausprägungen zusammen.*

Sechs grundlegende Persönlichkeitsmerkmale steuern das Leben und Erleben bei jedem Einzelnen durch vielfältige Kombinationen und ergeben ein ganz individuelles Profil von Temperament und Charakter.** Die so genannten «Basisdimensionen» der Persönlichkeit begleiten uns tagtäglich überallhin – also auch in den Urlaub, sie lassen Vorhersagen zu, wie wir Höhen und Tiefen und Untiefen in unserem Leben begegnen, also auch, welche individuellen Erlebnisqualitäten zu uns passen.

Mit anderen Worten: Wer glaubt, seine «Wesenszüge» einfach wie einen lästigen alten Hut zu Hause an der Garderobe hängen lassen zu können, irrt sich. Denn sie bestimmen zu einem erheblichen Teil die Art und Weise, wie Urlaub gewünscht, geplant und erlebt wird. Sie sind der Auslöser für die unterschiedlichsten Bedürfnisse und Neigungen, die insbesondere dann zum «Konfliktfeld» werden können, wenn die Profile der (Urlaubs-)Partner stark voneinander abweichen.

Bevor wir uns also mit den eigenen, ganz konkreten Urlaubswünschen auseinander setzen, werfen wir einen Blick auf das stark vereinfachte Grundmuster unseres Temperaments und Charakters.

Stellen Sie sich sechs Menschen vor, die bei jedem einzelnen der sechs Persönlichkeitsmerkmale (N,E,O,C,A,R) besonders starke Ausprägungen aufweisen. Wie würden diese Menschen wohl auf den überraschenden Gewinn einer vierwöchigen Abenteuer-Urlaubsreise quer durch Australien reagieren?

* Siehe auch den ausführlichen Persönlichkeitstest in dem Buch «Wenn die Seele SOS funkt».
** NEOCAR-Persönlichkeitstest entwickelt von Diplom-Psychologe PD Dr. Burghard Andresen.

Dem **Typ 1 (N)** mit einer starken Ausprägung auf dem Merkmal **Nervosität / Labilität / Sensibilität** fährt zunächst der Schreck in die Glieder. Himmel, was da alles passieren kann, was zu bedenken und zu klären ist! Vor allem die vielen Unsicherheiten lassen ihn nachts nicht schlafen. Wird er zu der Reisegruppe passen oder ein Außenseiter bleiben und sich bei jeder kleinen Schwierigkeit blamieren? Wird er das heiße Klima vertragen angesichts der körperlichen Beschwerden, die er schon alltäglich auszuhalten hat?

Typ 2 (E) mit stark erhöhten Werten bei der Persönlichkeitseigenschaft **Extraversion / Kontaktfreude / Unternehmungslust** freut sich wie ein Schneekönig, als er die Nachricht erhält. Er muss es gleich seinen Freunden und Bekannten erzählen und telefoniert erst einmal stundenlang herum. Die Begeisterung steigert sich noch, als er vom Reisebüro erfährt, dass es sich um eine Gruppenreise handelt. Viele Leute zum Kennenlernen, Flirten, Spaßhaben etc.

Bei **Typ 3 (0)** mit hoher Ausprägung von **Offenheit / Fantasie** überwiegt von Anfang an die Faszination der besonderen kulturellen, landschaftlichen und spirituellen Aspekte der Reise. Schon immer hat ihn Australien interessiert, die Aborigines mit ihren magischen Vorstellungen und ihrer archaischen Lebensweise, heute leider schon fast völlig entwurzelt. Die unendliche Weite und fremdartige Schönheit der Landschaft, die Tier- und Pflanzenwelt mit Arten, die nur hier ganz isoliert entstanden sind. Schnell vertieft er sich in Bildbände und andere Bücher über Australien, um diesem Land mit wachen Sinnen und ausreichend Vorkenntnissen begegnen zu können.

Typ 4 (C), der vor allem durch das Merkmal **Kontrolliertheit und Normorientierung** geprägt ist, will erst einmal den genauen Termin wissen. Er fragt sich, ob er auch Urlaub bekommt, welche Impfungen notwendig sind. Die Papiere werden überprüft, die Krankenkasse benachrichtigt, ein Reiseführer gekauft und die unverzichtbaren Highlights des Landes zusammengestellt. Geld wird getauscht, und es muss geklärt werden, wie man den langen Flug am besten übersteht, welche Reiseversicherung notwendig ist und wie man sich während der Reise am besten vor «Raubrittern» schützen kann. Mit anderen Worten: Er überlässt möglichst nichts dem Zufall.

Typ 5 (A), mit hohen Werten auf **Fürsorglichkeit und Hilfsbereitschaft**, möchte möglichst nicht allein fahren, sondern sucht beim Partner, bei Freunden oder in der Familie nach vertrauenswürdigen Begleitern. Da er Land und Leute richtig von innen her kennen lernen möchte, denkt er daran, sich einen Führer oder eine einheimische Familie zu suchen, die ihn mit den Sitten und Gebräuchen des Landes vertraut machen. Das Abenteuer allein und die «Glanzlichter» der Reise stellen ihn nicht zufrieden. Er verbindet auch alles mit sozialen Anliegen, möchte sich um eine bessere medizinische Versorgung der Ureinwohner kümmern etc.

Typ 6 (R), mit ausgeprägter **Risiko- und Kampfbereitschaft**, freut sich auf die abenteuerlichen und gefährlichen Seiten des Trips. Er wollte immer schon mal Tausende von Kilometern mit wildfremden Leuten durch menschenleeres Land fahren, im Freien übernachten, auf die Jagd gehen, am Great Barrier Reef tauchen, in tiefe Schluchten hinabsteigen, Wasserfälle durchqueren oder Gewalt-Touren durch die flimmernde Hitze des Outback machen, um seine eigenen Grenzen kennen zu lernen. Auch einem mehrtägigen Überlebenstraining mit den Ureinwohnern wäre er nicht abgeneigt.

Bei dem nachfolgenden Test geht es nun um die Bestimmung Ihrer Werte auf den hier an einem Beispiel skizzierten Persönlichkeitsmerkmalen. Füllen Sie bitte den Bogen mit einem Bleistift aus und werten Sie dann Ihr Ergebnis selbst aus. Sie können danach Ihre Bleistifteintragungen wieder ausradieren, sodass auch noch weitere Personen Ihres Umfeldes den Test unbeeinflusst durchführen können. Besonders reizvoll ist natürlich ein Partnervergleich dieser Ergebnisse.

Persönlichkeitstest SBSI: «Wer bin ich?»

Um diese Basisfaktoren ermitteln zu können, müssen Sie bei den Fragen angeben, wie Sie sich in den letzten Jahren normalerweise in Ihrem Verhalten und Erleben beurteilen. Bitte entscheiden Sie mit den Zahlenwerten von 1 bis 5, wie zutreffend jede der folgenden Aussagen für Sie persönlich ist, und schreiben Sie diese Zahl rechts von dem Satz in das dafür vorgesehene Kästchen. Bitte bearbeiten Sie den Bogen allein und ohne fremde Hilfe. Denken Sie nicht zu lange über die einzelnen Sätze nach, und lassen Sie keinen Satz aus. Antworten Sie ehrlich, da ohne Bereitschaft zu einer unverfälschten Beurteilung dieser Test keinen Sinn macht. Außerdem gibt es hier keine richtigen und falschen Antworten. Bitte fangen Sie an!

1 sehr unzutreffend	2 eher unzutreffend	3 dazwischen/ unsicher	4 eher zutreffend	5 sehr zutreffend

Ich …	
1. … bin deprimiert, niedergeschlagen	
2. … bin gesprächig, unterhalte mich gern	
3. … bin erfinderisch und einfallsreich	
4. … erledige Aufgaben gründlich	
5. … denke meistens zuerst an andere, bin selbstlos	
6. … suche besonders schwere Aufgaben	
7. … lasse mich durch Stress leicht aus der Ruhe bringen	
8. … bin kontaktfreudig und gehe auf Leute zu	
9. … bin tiefsinnig, denke gern über Sachen nach	
10. … bin selten unsorgfältig und unzuverlässig	
11. … bin hilfsbereit und fürsorglich	
12. … suche den harten, aber fairen Wettkampf	
13. … bin emotional unausgeglichen und leicht aus der Fassung zu bringen	

Ich …	
14. … bin begeisterungsfähig und kann andere leicht mitreißen	
15. … habe eine aktive Vorstellungskraft, bin phantasievoll	
16. … arbeite genau und gewissenhaft	
17. … bin rücksichtsvoll zu anderen, einfühlsam	
18. … habe Lust auf anstrengende und riskante Abenteuerreisen	5
19. … kann launisch sein, habe schwankende Stimmungen	
20. … bin lebenslustig und meistens fröhlich	
21. … stelle gern Überlegungen an, spiele mit abstrakten Ideen	
22. … handle konsequent und bin streng	
23. … schenke anderen Vertrauen, glaube an das Gute im Menschen	
24. … greife kraftvoll an, wenn es viel zu gewinnen gibt	
25. … reagiere leicht angespannt	

1 sehr unzutreffend	2 eher unzutreffend	3 dazwischen/ unsicher	4 eher zutreffend	5 sehr zutreffend

Ich...	
26. ...bin unternehmungslustig und suche Abwechslung	
27. ...habe viele künstlerische Interessen	
28. ...bin ordnungsliebend	
29. ...suche Zärtlichkeit, Harmonie und Geborgenheit	
30. ...habe starken Sieges- und Erfolgswillen	
31. ...mache mir viele Sorgen	
32. ...bevorzuge lustige Unterhaltung, lache oft	
33. ...suche nach einem tieferen Sinn des Daseins	
34. ...habe feste Prinzipien, von denen ich nicht abweiche	

Ich...	
35. ...liebe Kinder über alles	
36. ...gehe gerne Risiken ein, bin wagemutig	
37. ...bin sensibel, reagiere empfindlich auf Vorwürfe	
38. ...gehe aus mir heraus, bin temperamentvoll	
39. ...beschäftige mich mit ungelösten Rätseln der Wissenschaft	
40. ...mag es nicht, wenn man mich bei meinen Pflichten stört	
41. ...bin bereit, für Notleidende große Opfer zu bringen	
42. ...brauche den harten Wettbewerb, bin Unternehmertyp	

Auswertung:

Übertragen Sie die Bewertungszahlen 1 bis 5 aus dem Fragebogen in das jeweils für die entsprechende Fragenummer vorgesehene Kästchen der nachfolgenden Tabelle und addieren Sie die senkrechten Spalten. So kommen Sie über den Buchstaben **N, E, O, C, A** und **R** zu einem Summenwert, der Ihre Persönlichkeitsmerkmale einstuft. Die Beschreibung dazu finden Sie auf den folgenden Seiten.

1.	2.	3.	4.	5.	6.
7.	8.	9.	10.	11.	12.
13.	14.	15.	16.	17.	18.
19.	20.	21.	22.	23.	24.
25.	26.	27.	28.	29.	30.
31.	32.	33.	34.	35.	36.
37.	38.	39.	40.	41.	42.
N	**E**	**O**	**C**	**A**	**R**

Ihr Persönlichkeitsergebnis

Um Ihr Ergebnis für die sechs grundlegenden Persönlichkeitsdimensionen zu bekommen, suchen Sie bei jedem Persönlichkeitsmerkmal für Ihren Punktwert die passende Beschreibung. Es ist hilfreich, auch die Beschreibungen für die anderen Ausprägungsstufen zu lesen, damit Sie ein noch besseres Gefühl dafür bekommen, was Ihr Punktwert im Vergleich bedeutet.

Persönlichkeitsdimension N: Nervosität / Sensibilität / Labilität

Punktwertebereich: 36–42
Ausprägung: Sehr stark (6)

Sie sind sehr sensibel und neigen zu Stressreaktionen. Stimmungslabilität und Unausgeglichenheit machen Ihnen schwer zu schaffen. Ihr Selbstwertgefühl ist möglicherweise erheblich angegriffen, ebenso das allgemeine Wohlbefinden und die Lebenszufriedenheit. Eine erhöhte Nervosität lässt Sie emotional oft stark überreagieren. Wichtig ist die Einsicht, dass Sie wegen Ihres labilen und nervösen Temperaments nicht schon «psychisch gestört» sind, sondern nur behutsamer mit Ihrem eigenen seelischen Haushalt umgehen müssen. Wichtig ist auch die Einsicht, dass Sie Ihr empfindlicheres Wesen nicht für «schlechter» halten als das robustere Gemüt anderer Menschen. Sensibilität kann im Sinnzusammenhang des Lebens eine schützende und durchaus positive Rolle spielen. Dennoch sollten Sie mehr Gespür dafür entwickeln, was Ihnen wirklich gut tut, um dadurch Ihr seelisches Wohlbefinden zu stabilisieren.

Punktwertebereich: 7–11
Ausprägung: Sehr schwach (1)

Sensibilität und Nervosität liegen bei Ihnen ganz im unteren Bereich. Sie sind seelisch robust, sehr ausgeglichen und stabil in Ihrer zufriedenen Verfassung. Dank Ihrer starken Nerven bleiben Sie gelassen, wo andere «an die Decke gehen». Ihr Stresspegel ist niedrig und Sie können insgesamt seelisch eine ganze Menge verkraften. Sie sollten aber darauf achten, dass Sie sich nicht von Ihrem ausgeglichenen Gemüt dazu verleiten lassen, vorhandene Probleme gar nicht mehr wahrzunehmen. Ein Kind ohne Schmerzempfindungen kann seine Finger ohne Schmerzen auf die heiße Herdplatte legen, bis sie Verbrennungen aufweisen. So etwas sollte Ihnen im seelischen Bereich nicht passieren. Auch Toleranz und Verständnis gegenüber den sensibleren Menschen in Ihrem Umfeld sollten Sie pflegen. Diese sind oft schwieriger im Umgang, Sie dagegen haben die Gabe, für andere ein ruhiger, ausgleichender Pol zu sein. Machen Sie davon reichlich Gebrauch.

Punktwertebereich: 30–35
Ausprägung: Stark (5)

Ihre emotionale Labilität ist stark ausgeprägt, Sie neigen dazu, empfindlich zu reagieren, und interpretieren z. B. manche harmlosen Bemerkungen als gegen Sie gerichtet. Auch nervlich stehen Sie oft unter Anspannung. Sie führen Ihre Tendenz zu eher unangenehmen Erlebnissen oft auf «Stress» zurück, wobei anzumerken ist, dass Stress leicht durch negative Erwartungen erst entsteht. Sie sind sich über diese Zusammenhänge durchaus im Klaren. Es gelingt Ihnen aber nicht ausreichend, Ihre überschießenden emotionalen Reaktionen auf kleinere Vorkommnisse zu kontrollieren.

Punktwertebereich: 24–29
Ausprägung: Eher stark (4)

Sie zeigen eine nur schwach erhöhte, aber doch hinreichend deutliche Nervosität in alltäglichen Situationen. Leichte Beunruhigungen bei eigentlich unwichtigen Anlässen können Sie nicht verbergen und nehmen viele Dinge etwas zu schwer. Auf Kritik reagieren Sie etwas stärker als der Durchschnitt, können negative Erlebnisse aber insgesamt noch recht gut verarbeiten.

Punktwertebereich: 12–17
Ausprägung: Schwach (2)

Sie sind alles in allem ein ruhiger, nur wenig störbarer Mensch, der mit einem recht robusten Gemüt ausgestattet ist. Unangenehme Einflüsse prallen meistens ohne große Wirkung von Ihnen ab, und von kleineren Ärgernissen erholen Sie sich schnell. Sie machen sich über eventuelle negative Meinungen Ihrer Mitmenschen über Sie kaum Gedanken. Sie sagen sich oft: «Alles halb so wild!» Natürlich wissen Sie, dass man Stressgefühlen nicht immer ganz ausweichen kann, aber Sie sind doch recht gut dagegen geschützt. Schnelle Stimmungswechsel sind bei Ihnen selten. Sie gelten als zufrieden und ausgeglichen.

Punktwertebereich: 18–23
Ausprägung: Eher schwach (3)

Ihre überdurchschnittliche Gelassenheit schützt Sie recht gut vor alltäglichen Belastungssituationen. Obwohl auch Sie durchaus unangenehme Stressreaktionen erleben können, sind Sie insgesamt recht nervenstark. Verstimmungen kommen bei Ihnen gelegentlich vor, aber sie gehen nicht in die Tiefe. Sie kommen ziemlich schnell über ungute Erfahrungen hinweg und bewahren Ihre Ausgeglichenheit.

Persönlichkeitsdimension E:

Extraversion / Kontaktfreude / Unternehmungslust

Punktwertebereich: 38–42
Ausprägung: Sehr stark (6)

Sie sind ein Mensch, der am liebsten «ein Bad in der Menge nimmt» und unternehmungslustig und erlebnishungrig alle Vergnügungen ausschöpft. Sie lieben lustige Unterhaltung und unterhalten gern andere, Sie reden gern und genießen es, im Mittelpunkt zu stehen. Feste, Partys und Versammlungen aller Art sind Ihr Lebenselixier. Dabei verführt Sie Ihr extrovertiertes Naturell leicht zu Oberflächlichkeit und Betriebsamkeit. Die Gefahr dieses Wesenszugs: das Sich-Verlieren in den überreichlichen Konsum-, Spaß- und Medien-Angeboten. Ein wenig gegenzusteuern wäre da ganz ratsam. Gelegentlich die Besinnung zu suchen, zu sich selbst zu kommen, den «Spaß um jeden Preis» etwas zurückzuschrauben wären vielleicht wichtige alternative Erfahrungen für Sie. Unternehmungslustig, ausdrucksstark und gesellig zu sein bedeutet in unserer Gesellschaft, eine ganze Reihe von Vorteilen zu haben. Nutzen Sie diese natürlichen Pluspunkte Ihres lebhaften Temperaments, aber tappen Sie nicht in die «Fallen» hinein, die dieses augenscheinlich positive Merkmal mit sich bringt.

Punktwertebereich: 7–13
Ausprägung: Sehr schwach (1)

Sie sind wirklich nicht der Mensch, der zu jeder Party eingeladen wird und vor größeren Gruppen Unterhaltsames zum Besten gibt. Sie bleiben eher still und unauffällig im Hintergrund, lieben und pflegen öfter als andere das Für-sich-Sein. Normalerweise leiden Sie nicht unter Ihrer Zurückgezogenheit, nur manchmal wird Ihnen bewusst, dass Sie sehr wenige Freunde und Freundinnen haben, die oft und gerne mit Ihnen zusammen sind. Ihr Gefühlsleben ist ruhig und etwas nüchtern. Sie bleiben sitzen, wenn «Masse Mensch» begeistert aufspringt. Natürlich ist Ihnen klar, dass man von Ihnen oft etwas mehr «Mitmachen» und lebhaftere Kommunikation fordert. Vielleicht wäre es für Sie besser, tatsächlich etwas mehr mit Ihren Mitmenschen zu unternehmen. Sie kommen sonst leicht völlig aus der Übung. Aber natürlich bietet Ihre Lebensart auch einige Vorteile. Sie sind nicht so leicht verführbar, können Distanz wahren. Unsere moderne Gesellschaft bietet sehr viele Vergnügungen, Ablenkungen und Zerstreuungen, auf die extrovertierte Menschen leicht hereinfallen. Trotzdem wäre es empfehlenswert, sich anderen Menschen stärker zu öffnen.

Punktwertebereich: 32–37
Ausprägung: Stark (5)

Sie sind der Persönlichkeitstyp des sehr geselligen, kontaktfreudigen Menschen, ohne dabei «über die Stränge zu schlagen». Ihre Fähigkeit zur Stiftung von Verbindungen zwischen Menschen ist ebenso zu erwähnen wie die Möglichkeit, mittels Humor in einer Gruppe Ausgleich und Gemeinschaftsgefühl zu fördern. Sie sind ein Gruppenmensch, der aber auch gelegentlich die Abgeschiedenheit wählt, um sich dann umso frischer wieder in die Menge zu stürzen. Ihr Bedürfnis nach Stimulation, Unterhaltung und Abwechslung ist recht stark ausgeprägt. Insgesamt herrscht bei Ihnen das Bild eines fröhlichen Kontaktmenschen vor.

Punktwertebereich: 26–31
Ausprägung: Eher stark (4)

Ihr Bedürfnis nach Geselligkeit ist nur etwas überdurchschnittlich ausgeprägt. Sie suchen oft den ruhigen und beschaulichen Ausgleich für Phasen stärkerer Kontaktbereitschaft. So gelingt es Ihnen immer wieder, geselligen Aktivitäten genugend Freude abzugewinnen. Sie sind zwar überdurchschnittlich anregungsbedürftig und lebhafter als viele andere, dies bleibt aber doch insgesamt in einem maßvollen Rahmen.

Punktwertebereich: 14–19
Ausprägung: Schwach (2)

Das Bedürfnis nach geselligem Kontakt und nach Veranstaltungen, bei denen viele Menschen zusammenkommen, ist bei Ihnen recht schwach ausgeprägt. Gelegentliche Kontaktbedürfnisse wechseln mit häufigeren zurückgezogenen Phasen ab, in denen Sie «sich selbst genug» sind. Zu viel Kontakt fördert Ihre Laune nicht, sondern führt eher zu Abneigungsgefühlen, von denen Sie sich erst wieder erholen müssen. Ihre Unternehmungslust bleibt ebenfalls klar im unteren Bereich, Sie machen sich nicht viel aus den üblichen Freizeitaktivitäten. Nur gelegentlich wird Ihnen schmerzlich bewusst, dass Ihr Freundes- und Bekanntenkreis ziemlich klein ist.

Punktwertebereich: 20–25
Ausprägung: Eher schwach (3)

Es ist nicht ganz leicht, Sie bei geselligen Anlässen aus der Reserve zu locken oder in ein Gespräch zu verwickeln. Kommt aber ein Kontakt zustande, sind Sie durchaus kommunikativ. Meistens erschöpft sich Ihr zwischenmenschliches Anregungsbedürfnis aber recht schnell. Sie sind deshalb für große Feste und Partys nicht als «Stimmungskanone» geeignet. Aber Sie «halten die Stellung» so gut, dass Ihr leichter Hang zur Zurückgezogenheit nicht sehr auffällt.

Persönlichkeitsdimension O: Offenheit/Fantasie

Punktwertebereich: 38–42
Ausprägung: Sehr stark (6)

Mit Ihrer sehr starken Ausprägung auf dieser Dimension sind Sie als ein offener, den schönen Künsten und der Kultur zugeneigter Mensch ausgewiesen. Hiermit verbunden ist eine Neigung zu ausgeprägter Vorstellungskraft und kreativem Ausdruck. Sie lieben das Unkonventionelle, Besondere und Alternative, sind auch immer auf der Suche nach einem tieferen Sinn des Lebens. Menschen mit dieser Persönlichkeit sind sich ihres «Überlebenden Subjekts» ganz besonders bewusst, sie neigen auch zum Psychologisieren und Philosophieren. Sie diskutieren sehr gern aktuelle und besonders komplexe Fragen und vertreten hierbei «querdenkerische» Auffassungen. So sehr man Ihre Aufgeschlossenheit, Toleranz und Fantasie begrüßen kann, so leicht wäre bei Ihnen auch der Schritt zu einem illusionären oder sektiererischen Denken möglich, das sich eher in Träumereien und Wunschvorstellungen flüchtet, als den Realitäten Rechnung zu tragen. Sie brauchen also immer so etwas wie eine «Erdung», um den Anforderungen des Hier und Jetzt zu genügen. Damit sollen aber keineswegs Ihre esoterischen Neigungen und Ihr metaphysisches Eingebundensein in Frage gestellt werden.

Punktwertebereich: 7–13
Ausprägung: Sehr schwach (1)

Sie können mit musischen Dingen, Kunst und «Künstlertypen» sowie einem alternativen Lebensstil nicht viel anfangen. «Hirngespinste» sind Ihnen suspekt und Sie bleiben am liebsten immer mit beiden Beinen auf dem Boden der Tatsachen. Sie neigen dabei zur Betonung von Äußerlichkeiten und haben auch einige Vorurteile gegenüber dem Fremden und Ungewohnten. «Psyche» ist für Sie zwar kein Fremdwort, aber es fällt Ihnen nicht leicht, die Tiefendimension des Seelisch-Geistigen zu erfassen. Daraus können unter Umständen etwas «engstirnige» Tendenzen entstehen, die sich aber in Grenzen halten lassen, wenn Sie mit Andersdenkenden das offene und konstruktive Gespräch suchen. Sicher ist eine realistische Lebenseinstellung etwas durchaus Positives und entspricht den vielen praktischen Anforderungen des Lebens. Bevor Sie jedoch Träumer und Fantasten belächeln, bedenken Sie bitte, was das Leben ganz ohne Fantasie wäre. Wie viele Errungenschaften unserer Zivilisation, über die wir uns heutzutage kaum noch Gedanken machen, sind tatsächlich dem fantasiebegabten Geist von angeblichen «Spinnern» entsprungen? Diese haben in ihrer Zeit überwiegend Ablehnung erfahren.

Punktwertebereich: 32–37
Ausprägung: Stark (5)

Sie lassen sich gern «von den Musen küssen» und gehen geistig orientierten Beschäftigungen und Hobbys nach. Ihre unkonventionelle und fantasiegeprägte Lebensart bleibt aber doch genügend realitätsverbunden, um auch die andere Seite der notwendigen Anpassung an die «normalen» Gegebenheiten zu beachten. Hervorzuheben sind Ihre recht vielseitigen Interessen und das Bedürfnis nach einem tieferen Selbstverständnis. Dies schließt auch eine neugierige Annäherung an esoterisches Gedankengut ein. Sie brauchen oft eine ruhige Stunde zum Meditieren oder Nachdenken.

Punktwertebereich: 26–31
Ausprägung: Eher stark (4)

Im Großen und Ganzen sind Sie auf der Dimension Offenheit nur knapp überdurchschnittlich. Ihre geistige Erfahrungsbereitschaft reicht aus, um den meisten ungewöhnlichen Gedanken und Lebensstilen eher aufgeschlossen zu begegnen. Dennoch lassen Sie sich vor allem auf das «Abweichende» nur zögernd ein. Sie tasten sich in der Welt der Fantasie, der Kultur und des Geistes recht vorsichtig voran.

Punktwertebereich: 14–19
Ausprägung: Schwach (2)

Ihre ziemlich starke Realitätsorientierung hält Sie davon ab, sich stärker als unbedingt notwendig mit geistigen Dingen, z. B. Psychologie, Kunst oder Philosophie, zu beschäftigen. Sie gehen lieber mit den konkreten Dingen des Lebens um und «bleiben auf dem Teppich». Möglicherweise schlummern bei Ihnen stille Neigungen, auch einmal «dem Geheimnisvollen» zu begegnen, aber Sie wischen diese Anwandlungen meistens beiseite. Ihre Toleranz gegenüber den unkonventionellen Menschen in unserer Gesellschaft reicht noch aus, aber insgesamt stehen Sie abweichenden und ungewöhnlichen Auffassungen kritisch gegenüber.

Punktwertebereich: 20–25
Ausprägung: Eher schwach (3)

Sie sind eher weniger aufgeschlossen für ein fantasiegeprägtes Leben, haben aber noch hinreichend Verständnis für den kreativen Erlebnis- und Gestaltungsbereich. So können Sie – zumindest in bestimmten Lebensbereichen wie der Kunst und Kultur – trotz einiger «Bauchschmerzen» mithalten. Sie reagieren aber recht schnell mit Skepsis, wenn bestimmte Grenzen der Konvention oder Tradition überschritten werden.

Persönlichkeitsdimension C: Kontrolliertheit / Normorientierung

Punktwertebereich: 38–42
Ausprägung: Sehr stark (6)

Sie wollen alles perfekt machen, sind sehr ordnungsliebend und konsequent. Zusammen mit Ihrem ausgeprägten Fleiß macht Sie das wahrscheinlich zu einem gut beurteilten und geschätzten Arbeitnehmer. Ihr Bedürfnis nach Korrektheit bezieht sich jedoch auch auf moralische Werte wie Zuverlässigkeit, Gewissenhaftigkeit, Anstand. Gemeinsam ist diesen Tugenden die Ausrichtung an vorgegebenen Normen, und genau das macht Ihre besondere Stärke aus: die Erfüllung von Vorgaben, Regeln und Gesetzen, die «von oben» kommen. Sind diese Normen allerdings problematisch oder sogar unmenschlich, so tendieren Sie dazu, auch diese «falschen» Regeln zu befolgen und korrekt «bis zum bitteren Ende» zu gehorchen. Lassen Sie sich daher ermutigen, das starre Gerüst Ihrer Überzeugungen immer wieder in Frage zu stellen und sich offener mit anderen Auffassungen, Wertvorstellungen und kulturellen Orientierungen zu beschäftigen. Sie gewinnen dadurch mehr ethisches Unterscheidungsvermögen und handeln weniger aus normativem Zwang als aus persönlicher Einsicht heraus.

Punktwertebereich: 7–13
Ausprägung: Sehr schwach (1)

Sie können mit den Zwängen und Regeln der bürgerlich geordneten Welt nicht viel anfangen und folgen meistens eigenen Impulsen und Ideen. Sie wirken auf andere eher unkontrolliert und haltlos, was sich in einer Reihe von Schwächen wie Unzuverlässigkeit, Nachlässigkeit oder Unordentlichkeit äußern kann. Sie koppeln sich dadurch von den Zwängen unseres regelgebundenen Lebens gern ab, was in bestimmten Situationen durchaus auch Vorteile bietet. Denn nicht jede «Pflichtveranstaltung» oder Konvention ist auch moralisch unstrittig oder sinnvoll. Bedenken Sie aber, dass das reibungslose Funktionieren vieler lebensnotwendiger Systeme und Organisationen von der mühsamen Pflichterfüllung unzähliger Menschen abhängt. Und mit Sicherheit sind auch Sie hier und da Nutznießer dieser scheinbar selbstverständlichen Leistungen. Deshalb wäre es für Sie ein Gewinn, die Angemessenheit von Normen und Regeln kritisch, aber zugleich auch konstruktiv zu prüfen und sich dort einzureihen, wo klare Notwendigkeiten erkennbar sind. Ihre etwas weniger rigide Art, das Leben zu sehen, muss deshalb ja nicht gleich «mit dem Bade ausgeschüttet» werden.

Punktwertebereich: 32–37
Ausprägung: Stark (5)

Sie sind bemüht, alles korrekt zu machen, halten sich an die herkömmlichen Regeln und unterwerfen sich gern den Anforderungen des Arbeitslebens. Sicherlich kommt Ihnen schon ab und zu der Gedanke, dass diese Welt der moralischen und Leistungsnormen nicht alles ist, aber Sie bleiben trotzdem fest «bei der Stange» dieses Wertesystems. Sie machen dafür auch nicht selten im zwischenmenschlichen Bereich Abstriche. Hier fällt es Ihnen auch schwer zu erkennen, dass es z. B. Ihre eher starren Gewohnheiten und Prinzipien sein könnten, die Schwierigkeiten verursachen. Manchmal blitzen diese Einsichten in Ihnen auf, ohne dass sich allerdings an Ihrer Pedanterie etwas Entscheidendes ändert.

Punktwertebereich: 14–19
Ausprägung: Schwach (2)

Sie lassen gern einmal «fünf gerade sein». Es liegt Ihnen nicht, sich den Normen einer bürgerlichen Gesellschaft bedingungslos zu unterwerfen. Sie brechen gerne aus und wollen Ihr Leben – jenseits von Moral, Leistung und Pflichterfüllung – einfach nur genießen. Die hohen Anforderungen, die das Arbeitsleben an Sie stellt, sind Ihnen häufig schmerzlich bewusst. Sie bemühen sich aber um eine Minimalanpassung. Die Sehnsucht nach Freiheit und Zwanglosigkeit bleibt in jedem Falle sehr stark, auch wenn sie in Ihrem Verhalten nicht immer und überall voll zum Ausdruck kommen kann. Manchmal finden Sie jedoch eine Möglichkeit, wo Sie alle äußeren Zwänge abstreifen können, um als Individuum ganz Sie selbst zu sein.

Punktwertebereich: 26–31
Ausprägung: Eher stark (4)

Sie sind nur knapp überdurchschnittlich normorientiert und Ihre kontrollierte Anpassung an die Welt der Arbeit ist begrenzt. Sie bleiben im Mittelfeld der überwiegend «wertkonservativ» lebenden Menschen. In bestimmten Lebensbereichen zeigen Sie jedoch eine besonders große Ordnungsliebe. Sie sehen die Schattenseiten einer zu großen Pflichtbereitschaft, brechen aber trotzdem selten aus diesem System aus.

Punktwertebereich: 20–25
Ausprägung: Eher schwach (3)

Ihre Gewissenhaftigkeit und Arbeitsmoral sind eher unterdurchschnittlich ausgeprägt. Auch den bürgerlichen Moralvorstellungen sind Sie tendenziell abgeneigt, dies jedoch auf eine sehr unauffällige Art, die es Ihnen erlaubt, sich noch als Mitglied der Leistungsgesellschaft darzustellen. Nur manchmal, oder in bestimmten Lebensbereichen, wird deutlich, dass Sie eigentlich gern eigene Wege gehen wollen.

Persönlichkeitsdimension A: Fürsorglichkeit / Liebe

Punktwertebereich: 38–42
Ausprägung: Sehr stark (6)

Sie haben ein sehr stark ausgeprägtes Bedürfnis, andere Menschen zu betreuen, sie zu versorgen und ihnen alle Wünsche von den Augen abzulesen. Dies gilt besonders für Kinder, aber auch für alle anderen schwächeren und hilfsbedürftigen Mitglieder unserer Gesellschaft. Sie neigen dazu, sich für andere aufzuopfern. Natürlich hängt damit auch ein starkes Bedürfnis nach Zärtlichkeit, Harmonie und Frieden zusammen. Diese Charakterzüge haben allerdings nicht nur positive Seiten. Die damit verbundene Anpassungsbereitschaft schließt die Unterwerfung unter weniger positive andere Menschen und Mächte oft ein. Es könnte nützlich sein, schärfer hinzusehen, für was und für wen Sie sich aufopfern und anpassen. Sie haben die Möglichkeit, Ihre Hingabe klug und verantwortungsvoll zu steuern. Und vergessen Sie nicht, gelegentlich auch mal an Ihre persönliche Selbstentfaltung zu denken. Ihre eigene Erfüllung wird sich dann sicherlich positiv in Ihrem Dienst am Nächsten niederschlagen. Zu guter Letzt: In dieser Welt, die anscheinend zunehmend von Geld, Egoismus und Werteverlust regiert wird, ist fast selbstlos lieben zu können etwas sehr Schönes, das Sie sich auf keinen Fall ausreden lassen sollten.

Punktwertebereich: 7–13
Ausprägung: Sehr schwach (1)

Sie neigen nicht zu ausgeprägter Hilfsbereitschaft oder Fürsorglichkeit und haben deshalb wenig Interesse an sozialen Berufen und Tätigkeiten. «Kinder, Küche und Kirche» sind auch nicht Ihr Ding. Das schließt nicht unbedingt aus, dass Sie indirekt wertvolle Gemeinschaftsdienste leisten. Aber der unmittelbare «Dienst am Nächsten» liegt Ihnen nicht. Jedenfalls sind Sie nicht in Gefahr, ausgenutzt zu werden. Dies ist keineswegs zu unterschätzen, denn so manches Schlechte in dieser Welt wird auch durch die Naivität der Guten gefördert. Sie sollten Ihre schwachen sozialen Neigungen aber möglichst nicht unnötig verallgemeinern. Denn aus einer solchen Gefühlsarmut könnte ja auch eine unsoziale Lebensart auf Kosten anderer resultieren. Nicht jeder muss Krankenschwester oder Pfleger werden, dennoch ist die Erkenntnis zwingend, dass wir viele Krankenschwestern und Pfleger brauchen. Dies zu erkennen, sind Sie in der Lage. Auch Sie selbst könnten einmal Hilfe brauchen. Und vielleicht gelingt es Ihnen schließlich, bei sich ein zartes Pflänzchen an Mitgefühl und Nächstenliebe neu zu entdecken. Manch weicher Kern ist hinter einer betont harten Schale verborgen und wartet ab, bis der richtige Moment kommt, sich zu «outen».

Punktwertebereich: 32–37
Ausprägung: Stark (5)

Sie sind ziemlich sozial eingestellt und setzen sich stark für schwächere Mitmenschen ein. Sie lieben Kinder und haben ein ausgeprägtes Bedürfnis nach friedlichem Zusammenleben. Sicher gibt es auch Bereiche in Ihrem Leben, in denen Ihr «Dienst am Nächsten» nicht ganz so deutlich wird. Sie haben also durchaus einige Schranken, über die sie trotz starker Tendenz zur Selbstaufopferung nicht hinausgehen wollen. Sie halten beispielsweise nicht unbedingt die «andere Wange auch noch hin», wenn Sie im bildlichen Sinne eine «Ohrfeige kassieren». Aber im Großen und Ganzen kann man sich über einen Mangel an Mitgefühl und Fürsorge bei Ihnen wirklich nicht beklagen.

Punktwertebereich: 26–31
Ausprägung: Eher stark (4)

Sie sind nur knapp überdurchschnittlich fursorglich, und Ihr soziales Engagement bedarf oft des klaren äußeren Anstoßes, um sich zu entfalten. Es ist jedoch sehr wahrscheinlich, dass Sie in ganz bestimmten Lebenssituationen mehr Mitgefühl, Hingabe und Hilfsbereitschaft zeigen, als es Ihr nur tendenziell erhöhter allgemeiner Fürsorglichkeitswert erkennen lässt.

Punktwertebereich: 14–19
Ausprägung: Schwach (2)

Sie sind insgesamt ziemlich wenig an sozialen Dingen interessiert und halten sich mit «milden Gaben» und Hilfeleistungen für Ihre Umwelt deutlich zurück. Es liegt Ihnen nicht sehr, sich für andere aufzuopfern. Pflegerische Dienste, mitmenschliche Zuwendungen für andere und andere Formen sozialen Engagements werden Ihnen schnell zu viel oder etwas lästig. Sicher trifft das nicht auf alle Bereiche gleichermaßen zu. Auch Sie kennen durchaus die Befriedigung, die sich aus der Hingabe an eine soziale Aufgabe ergeben kann. Aber insgesamt sind Sie doch eher ein stärker durch andere als soziale Motive bestimmter Mensch. Sie haben aber die Möglichkeit, Ihre soziale Kühle etwas abzumildern.

Punktwertebereich: 20–25
Ausprägung: Eher schwach (3)

Sie liegen auf der Dimension Fürsorglichkeit im unteren Bereich des «Mittelfeldes». Es ist nicht Ihre Art, Ihre Hilfsbereitschaft bereitwillig anzubieten, und Sie halten sich mit Ihren mitmenschlichen Gefühlen häufig deutlich zurück. Aber manchmal ist doch klar erkennbar, dass Sie in bestimmten Situationen Ihre sozialen Gefühle und Stärken bündeln können, um Leuten zu helfen.

Persönlichkeitsdimension R: Risikobereitschaft / Mut

Punktwertebereich: 38–42
Ausprägung: Sehr stark (6)

Sie sind sehr risikofreudig und leben Ihre kämpferische Art voll aus. Wettbewerb, Einsatz, Abenteuerlust und Führungsanspruch machen Sie zu einem potentiellen «Helden» oder «Sieger». Allerdings sagt Ihr hoher Wert auf der Dimension Risikobereitschaft nicht viel über Begabungen im engeren Sinne aus, sondern kennzeichnet Ihren hohen Antrieb, etwas Wichtiges, Großes oder Schwieriges anzupacken und einen Erfolg daraus zu machen. Aber der Wille, die Motivation sind schon sehr viel, denn ohne diese bliebe auch eine ausgeprägte Begabung ohne die nötige Durchschlagskraft. Risikobereite Menschen sollten beachten, dass sie viel (Sog-)Wirkung entfalten und damit auch andere Menschen «mitreißen» oder indirekt «mit hereinreißen». Seien Sie sich dieser Verantwortung bewusst. Mut war von alters her eine große Tugend. Er wird aber zur Untugend, wenn ihn nur egoistische Ziele oder gar destruktive Kräfte antreiben. Normalerweise ist jedoch ein hoher R-Wert durchaus mit ausreichend Verantwortungsbewusstsein verknüpft.

Punktwertebereich: 7–13
Ausprägung: Sehr schwach (1)

Sie sind ein Mensch, der – wie der Volksmund sagt – «nicht zum Helden geboren» ist und auch fast keine Motivation hat, Führung und aktive Verantwortung zu übernehmen. Sie weichen Herausforderungen aus und möchten nicht in vorderster Reihe stehen, wenn's brenzlig wird. Auch Wettkämpfe oder Konkurrenz mögen Sie nicht. Eine Konsequenz dieser Wesensart ist der Versuch, starke «Beschützer» zu finden, die Sie in Ihrer ausgeprägten Risikoscheu absichern oder ergänzen. Auch hier wäre zu sagen, dass Sie natürlich nicht «unfähig» sind, aber Sie trauen sich eben sehr selten zu, Schwieriges und Riskantes selbständig anzupacken. Auch mit niedrigen Werten auf der Dimension R kann man gut durchs Leben kommen. Denn die Vermeidung von Risiken ist nicht an sich «schlecht». Manchen Risiken sollte man schon lieber aus dem Wege gehen. Aber auch der risikoscheue und wenig kämpferische Mensch könnte – hier auf eine unauffälligere Art – verantwortungslos handeln, dann nämlich, wenn er es nicht wagt, anderen in einer kritischen Lebenslage zu helfen. Nehmen Sie in solchen Situationen allen Mut zusammen.

Punktwertebereich: 32–37
Ausprägung: Stark (5)

Sie sind ziemlich risikofreudig und setzen sich in Konkurrenzsituationen entschieden, aber nicht übermäßig durch. Ihre Bereitschaft zur mutigen Übernahme von Verantwortung ist hoch. Es ist wahrscheinlich, dass Sie in bestimmten Lebenssituationen sehr großen Mut erkennen lassen, sich aber in anderen Lebenslagen etwas mehr zurückhalten und weniger wagen. Insgesamt trauen Sie sich viele führungsbetonte, schwierige und riskante Aufgaben zu, aber Ihr kämpferischer Einsatz hat Grenzen. Achten Sie darauf, wann Sie Ihre eigene Motivation und «Kampfkraft» eventuell schon überschätzen.

Punktwertebereich: 26–31
Ausprägung: Eher stark (4)

Sie sind nur knapp überdurchschnittlich risikofreudig und sind auch in Konkurrenz- und Herausforderungssituationen allgemein nur mit «stark gebremstem Schaum» zu aktivieren. Sie gehören damit zum breiten «Mittelfeld» der Risikobereitschaft. Es ist aber sehr wahrscheinlich, dass Sie in einer Reihe von Lebenssituationen größeren Mut zeigen, als es Ihr Gesamtwert für Risikobereitschaft erkennen lässt.

Punktwertebereich: 14–19
Ausprägung: Schwach (2)

Sie sind insgesamt ziemlich wenig geneigt, riskante und schwierige Aufgaben im Leben zu übernehmen, und halten sich gern bei Herausforderungen zurück. Wettbewerbssituationen sind nicht gerade Ihr «Heimspiel», lieber passen Sie sich unauffällig an. Sie bevorzugen ein Leben ohne ausgeprägte «Kampfmomente». Nur ab und zu zeigen Sie «die Zähne», um deutlich zu machen, dass auch Sie könnten, wenn Sie wollten. Aber meistens wollen Sie sich eigentlich nichts beweisen. Diese Risikoscheu gilt aber wahrscheinlich in verschiedener Ausprägung für verschiedene Lebensbereiche. Es könnte durchaus sein, dass Sie in speziellen Gebieten etwas mutiger sind.

Punktwertebereich: 20–25
Ausprägung: Eher schwach (3)

Sie sind auf der Dimension Risikobereitschaft knapp unterdurchschnittlich und lassen im Zweifel lieber die anderen um große Ziele und Aufgaben kämpfen. Alles in allem sollten Sie sich aber nicht für «furchtsam und unterwürfig» halten. Sie haben wahrscheinlich «stille Reserven», die es Ihnen erlauben – zumindest in einigen Lebensbereichen –, erheblich mehr Einsatz und Mut zu zeigen, als Sie selbst und andere vermuten.

Überrascht von Ihrem Ergebnis?
Jeder glaubt, sich selber oder sogar den Partner ganz gut zu kennen. Und doch kommt es immer wieder vor, dass Menschen, die zum ersten Mal einen «Persönlichkeitstest» machen, von ihrem eigenen Profil überrascht werden. Manche reagieren sogar betroffen. Wenn dies bei Ihnen der Fall ist, sollten Sie – wenn Sie das Ergebnis im «stillen Kämmerlein» überdacht haben – mit einem vertrauenswürdigen Menschen, der Sie gut kennt, darüber reden. Auch der Kontakt zu Fachleuten kann empfohlen werden.

Zur Beruhigung kann ich Ihnen zwei Erkenntnisse mit auf den Weg geben:

Ein schwieriger Aspekt der modernen Persönlichkeitsforschung ist die wachsende Erkenntnis, dass in einer Person kontrastreiche Gegensätze existieren können, die sich also keineswegs ausschließen müssen. Wenn Sie in Ihrem Profil Unvereinbares entdecken, denken Sie bitte daran, dass vielleicht auch Sie scheinbare Widersprüche in Ihrer Persönlichkeit vereinen, die Ihrem Charakter und Temperament eine besondere Wechselhaftigkeit und innere Spannung verleihen. Dies hätte dann auch zur Folge, dass Sie Ihrer Umwelt immer wieder «andere Seiten» Ihres Selbst zeigen und für viele Überraschungen gut sind.

Der andere Punkt, der die Diagnostik der Persönlichkeit noch zusätzlich erschwert: Durch äußere Einflüsse ebenso wie durch innere Reifungsvorgänge kann sich die Persönlichkeit im Laufe eines Lebens verändern. Jedes Persönlichkeitsprofil bietet also immer nur eine kurz- bis mittelfristig gültige «Momentaufnahme».

Dennoch bietet dieses Persönlichkeitsprofil mit seinen sechs grundlegenden Basisdimensionen sehr gute Anhaltspunkte dafür, warum man sich für dieses oder jenes interessiert, das eine langweilig oder das andere interessant findet, das Einsiedlerdasein bevorzugt oder das Gruppengefühl genießt, die Dinge eher streng sieht, pflichtbewusst ist und alles kontrollieren will oder sich neuen Erfahrungen öffnet, riskante Situationen liebt oder Sicherheit sucht, gerne andere Menschen bemuttert oder sich selbst oft in den Mittelpunkt stellt, nachgiebig, sensibel, nervös und labil ist oder sich konflikt- und kampfbereit gibt. Und das Profil bietet auch die Erklärung dafür, warum bei manchen Menschen diese genannten Alternativen nicht so klar zu beantworten sind, sondern jeweils in einer Person konfliktreich nebeneinander stehen können.

Und noch etwas ist wichtig: Der Fragebogen beschränkt sich auf «normale Persönlichkeitsmerkmale». Viele Menschen neigen dazu, bestimmte Charakterzüge als «krank» oder «abnorm» zu bewerten. Aber dabei spielen Vorurteile und der eigene Standpunkt eine viel zu große Rolle. Man sollte möglichst auf jegliche einseitige Wertung verzichten und sich für alle Persönlichkeitsmerkmale klarmachen, dass sie positive und negative Aspekte aufweisen und Chancen und Risiken in sich tragen.

Wenn Sie erstaunt sind über Ihr Persönlichkeitsprofil, machen Sie einmal folgende Übung:

Lassen Sie wichtige Lebensentscheidungen noch einmal an sich vorbeiziehen. Dann wird Ihnen vielleicht auch klar, warum Sie sich so entschieden haben. Viel wichtiger aber ist die Frage, ob Ihnen die neu gewonnene Selbsterkenntnis aus «Wer bin ich?» auch zu einem besseren «Was will ich?» und «Wie kann ich es umsetzen?» verhelfen kann. Wenn man dies bejahen möchte, gilt dies natürlich auch für die Urlaubsplanung. Sie können durch eine bessere Selbsterkenntnis eine ganze Menge dafür tun, dass der nächste Urlaub kein Misserfolg wird, sondern Erholung, Erfüllung und schöne Erlebnisse bringt. Machen Sie auch «in den schönsten Wochen des Jahres» das Beste aus Ihrer Persönlichkeit. Den Anfang haben Sie mit diesem Test ja schon gemacht!

Die individuelle Architektur einer Persönlichkeit wird von vielen Faktoren bestimmt. Einflüsse der Begabung spielen eine Rolle, der Erziehung, der Bildung, der umgebenden Kultur und so weiter. Jeder Mensch ist einmalig und nicht auf die Basisfaktoren seiner Persönlichkeit zu reduzieren. Dennoch gibt es aber so etwas wie eine Grundprägung durch diese Faktoren, die man nicht ignorieren darf, wenn man nicht in Dauerfehde mit sich selbst leben will.

Ob ein Mensch mit ausgeprägter Kampfbereitschaft eher Strafverteidiger, Vorstandsvorsitzender oder Profifußballer wird, hängt von verschiedensten Faktoren und lebensgeschichtlichen Fügungen ab. Aber er wird sich nie in der Rolle eines Verwaltungsangestellten wohl fühlen. Wenn ihn die Umstände des Lebens dazu zwingen, eine solche Aufgabe zu erfüllen, die der Prägung und dem Bedürfnis seiner Persönlichkeit widerspricht, kommt es zwangsläufig zu einer Schiefhaltung. Die muss nicht bedrohlich sein, muss aber beachtet werden. Was der Beruf nicht erlaubt, kann beispielsweise in der Freizeit ausgeglichen werden. Der Verwaltungsangestellte kann sonntags Mittelstürmer sein. Dann kann er sich am Montag wieder gerader fühlen. Schwierig wird es dann, wenn es auch in der Freizeit Hindernisse gibt, ungelebte Persönlichkeitsanteile auszuleben. Durch familiäre Pflichten beispielsweise. Oder durch materielle Umstände. Dann wird die Schiefhaltung nicht mehr korrigiert, sondern verstärkt sich. Schauen Sie sich das Resultat Ihres Persönlichkeitstests unter diesem Gesichtspunkt noch einmal an: Können Sie den Bedürfnissen Ihrer Persönlichkeit im beruflichen, privaten und sozialen Alltag gerecht werden? Je weniger das der Fall ist, desto wichtiger wird der Ausgleich im Urlaub. Dazu brauchen Sie die richtige Art von Erlebnissen.

Erlebnisse werden individuell aber sehr unterschiedlich empfunden. Die Lektüre eines Romans kann eindrucksvoller sein als eine Reise. Der Besuch einer Briefmarkenbörse kann für den einen so aufregend sein wie für den anderen die Teilnahme an einem Rugby-Match. Welche Art von Erlebnis am besten zu Ihrer Persönlichkeit passt und die Defizite Ihres Daseins am stärksten kompensiert, müssen Sie selbst herausfinden.

Der folgende Test zur Feststellung von Urlaubswunsch und -wirklichkeit gibt Ihnen dazu eine Anleitung.

Erlebniswünsche und Urlaubsgestaltung

Es kann viele Gründe geben, warum Urlaubszufriedenheit im Keller ist. Ein wichtiger Schlüssel zur Aufklärung des Problems ist eine genaue Analyse Ihrer Erlebnismotive, Ihrer Wünsche und Sehnsüchte, die Sie auf Ihre kostbaren Urlaubswochen richten. Diese Erlebniswünsche können sehr verschieden sein, kein Mensch ist da ganz wie der andere, so wie es auch für die Persönlichkeit gilt. Man sollte sie kennen, um möglichst genau das zu verwirklichen, was man auch wirklich möchte. Oder um sich mit eventuellen Widersprüchen, Gegensätzen oder Unvereinbarkeiten konstruktiv auseinander zu setzen. Schwelen diese Wünsche unerkannt oder unterdrückt vor sich hin, kann es leicht zu großen Frustrationen und Enttäuschungen kommen.

Bei der «Suche nach Ihren Urlaubsmotiven» geht man davon aus, dass zweierlei getrennt erfasst werden muss:

1. Ihre Wünsche und Sehnsüchte, Träume und Ideen, sozusagen Ihr innerer Erlebnishorizont *(Wunschwelt).*
2. Ihre tatsächlich erprobten und verwirklichten Vorlieben und Neigungen, das, was Sie tatsächlich und erfahrungsgemäß tun *(Wirklichkeitswelt).*

Wir wollen nun in einem differenzierten Doppel-Test die Übereinstimmung von Urlaubswünschen und Urlaubswirklichkeit überprüfen. Beide Tests werden getrennt durchgeführt und ausgewertet und dann zum Schluss in ein gemeinsames Profilblatt eingetragen. Dieses zeigt Ihnen, in welchem Bereich bei Ihnen Wunsch und Wirklichkeit sich decken oder auseinander klaffen.

Fragebogen zu Urlaubswünschen

Wie beurteilen Sie sich in den letzten Jahren in Ihren Urlaubswünschen? Es geht dabei nicht darum, darzustellen, was Sie tatsächlich im Urlaub tun, sondern was Sie sich erhoffen, erträumen, welche Urlaubswünsche und -sehnsüchte Sie haben. Grundsätzlich handelt es sich in diesem Fragebogen immer um den Urlaub, auch wenn das Wort «Urlaub» oder «Ferien» nicht in jedem Satz erwähnt wird.

Bitte entscheiden Sie mit den Zahlenwerten von 1 bis 5, wie zutreffend jede der folgenden Aussagen für Ihre persönliche Wunschwelt ist, und schreiben Sie diese Zahl in das für die betreffende Satznummer vorgesehene Kästchen auf dem Antwortbogen am Ende des Tests. Bitte bearbeiten Sie den Bogen allein und ohne fremde Hilfe. Denken Sie nicht zu lange über die einzelnen Sätze nach und lassen Sie keinen Satz aus. Antworten Sie ehrlich, da ohne Bereitschaft zu einer unverfälschten Beurteilung dieser Test keinen Sinn macht. Außerdem gibt es keine richtigen und falschen Antworten. Bitte fangen Sie an!

1 sehr unzu- treffend	2 eher unzu- treffend	3 dazwischen/ unsicher	4 eher zutreffend	5 sehr zutreffend

1. Einmal nur «die Seele baumeln lassen» wäre für mich das Wichtigste.
2. Ich möchte gerne einmal einen besonders erfüllenden «Urlaub zu zweit» erleben.
3. Ich fände eine Pfadfinder- und Ferienlager-Atmosphäre im Urlaub wunderbar.
4. Ich wünsche mir oft einen Urlaub, wo «Feiern bis zum Abwinken» angesagt ist.
5. Ich wünschte, ich könnte mir in einem Urlaub eine umfassende Schönheitskur gönnen.
6. Einen Familienurlaub auf dem Bauernhof würde ich sehr schön finden.
7. Ich wünsche mir, dass ich im Urlaub einmal ganz intensiv zum Malen, Zeichnen oder Modellieren käme.
8. Ich träume oft von Urlaubsorten, die «in» und zugleich exklusiv sind.
9. Ich träume oft von fantastischen erotischen Urlaubsabenteuern.
10. Ich bin ein Mensch, der in seinen Urlauben im Grunde die ganze Welt sehen will.
11. Nur zu Fuß Land und Leute kennen zu lernen, fände ich verlockend.
12. Wildwasserfahrten im Kajak wären etwas für mich.

1 sehr unzu- treffend	2 eher unzu- treffend	3 dazwischen/ unsicher	4 eher zutreffend	5 sehr zutreffend

13. Ich sehne mich oft nach Traumstränden, zum Beispiel in Spanien. — 4
14. Ich wünschte mir, dass ich, ohne aufs Geld achten zu müssen, nach Herzenslust einkaufen könnte. — 4
15. Ich wollte schon immer mal Ferien auf einer «Trauminsel» machen. — 4
16. Ich habe eine große Sehnsucht nach einem richtigen Motorrad-Urlaub, zum Beispiel quer durch die USA. — 5
17. Im Urlaub möchte ich gern etwas «Verrücktes» machen, zum Beispiel magische Orte aufsuchen. — 5
18. Mit einem Hausboot auf den Kanälen von Holland oder anderswo zu schippern reizt mich schon lange. — 5
19. Im Urlaub bräuchte ich viel mehr Zeit für mich, um mit mir selbst ins Reine zu kommen. — 5
20. Ich wünsche mir einen richtigen Aktivurlaub, der prall mit starken Erlebnissen angefüllt ist. — 5
21. Ich stelle mir vor, dass Urlaub in der Großstadt (zum Beispiel New York) am besten mein Abwechslungsbedürfnis befriedigen kann. — 4
22. Ich möchte einmal als Alternativ-Urlaub einen Hof mit ökologischem Landbau kennen lernen. — 5
23. Ich würde im Urlaub gerne Gegenden finden, die ihren idyllischen Charakter bewahrt haben und nicht vom Tourismus entstellt sind. — 5

1 sehr unzutreffend	2 eher unzutreffend	3 dazwischen/ unsicher	4 eher zutreffend	5 sehr zutreffend

24.	Ich würde gern einmal in einem futuristischen Erlebnispark Urlaub machen.	5
25.	Ich möchte einen Urlaub, in dem ich auch Videospiele zur Verfügung habe.	1
26.	Ich möchte mir im Urlaub keine Gedanken ums Kochen machen müssen, sondern einfach gut essen gehen, wenn mir danach ist.	3
27.	Ich suche nach einem Urlaubsstil, der wirklich Entspannung bringt.	5
28.	Ich sehne mich nach Romantik und suche Zärtlichkeit in stimulierender Atmosphäre.	
29.	Ich würde gerne aufregende Urlaube «mit der Clique» machen.	1
30.	Ich suche einen Urlaub, in dem jedes wilde und hemmungslose Vergnügen erlaubt ist.	1
31.	Vor jedem Urlaub nehme ich mir vor, mehr für meinen Körper zu tun.	5
32.	Ich möchte am liebsten einen gemütlichen Familienurlaub mit viel Verständnis für Kinder.	1
33.	Ich würde im Urlaub gerne fremde Bräuche kennen lernen.	5
34.	Ich träume davon, viel Geld ausgeben zu können und im Luxus zu schwelgen.	1
35.	Ich möchte im Urlaub gerne sexuelle Eroberungen machen.	1

1	2	3	4	5
sehr unzu-treffend	eher unzu-treffend	dazwischen/ unsicher	eher zutreffend	sehr zutreffend

36. Ich würde gerne einmal eine Himalaja-Expedition mitmachen. 5

37. Beim Wandern in einfachen Gasthäusern zu übernachten, fände ich besonders reizvoll. 5

38. Ich würde gerne in den Ferien das Drachenfliegen erlernen. 5

39. Ich träume oft vom idealen Badeurlaub an südlichen Stränden mit viel Lebenslust und guter Laune. 3

40. Ich wünsche mir in meinem Urlaubsort eine besonders abwechslungsreiche Shopping-Meile. 4

41. Ich möchte einmal Adam und Eva spielen, in einer Palmenhütte auf einer wunderschönen Paradies-Insel. 1

42. Ich hätte gern für den Urlaub einen Geländewagen mit Vierradantrieb. 5

43. Ich möchte mal mit dem Planwagen durch Schottland reisen und geheimnisumwitterte historische Gegenden erkunden. 5

44. Ich träume von einer Karibik-Kreuzfahrt auf einem wunderschönen Segelschiff. 3

45. Ich kann mir sehr gut einen «Selbstentdeckungs»-Urlaub auf einer Hütte in den Bergen vorstellen. 5

46. Für jeden Urlaub wünsche ich mir eine aktive «Leistungsbilanz» und das Gefühl, etwas unternommen und geschafft zu haben. 4

1 sehr unzu- treffend	2 eher unzu- treffend	3 dazwischen/ unsicher	4 eher zutreffend	5 sehr zutreffend

47. Ich möchte in jedem Urlaub möglichst etwas ganz Neues erleben.	5
48. Ich suche nach einem Weg, Urlaubsfreuden mit ökologischem Denken in Einklang zu bringen.	5
49. Ich sehne mich nach einem Urlaub ganz ohne Tourismus-Stress.	5
50. Ich kann mir ganz gut vorstellen, dass ich einmal auf einer künstlichen Südseeinsel unter einer riesigen Klima-Kuppel Urlaubstage verbringe.	
51. Ich träume manchmal von einem virtuellen Urlaub in fantastischen Welten mittels Cyberspace-Technik.	4
52. Ich träume von einer Art «Schlaraffenland-Urlaub».	4
53. Ich habe oft nur den einen Wunsch: mich fallen und treiben zu lassen.	5
54. Ich wünsche mir einen Urlaub, in dem ich alle Erlebnisse mit meinem Partner teile.	1
55. Ich sehne mich manchmal nach einem Abenteuerurlaub, in dem man wahre Freunde kennen lernt.	
56. Ich träume von einem Urlaub, der wie eine einzige große «Party unter Palmen» abläuft.	1
57. Ich würde mir gern einmal etwas Besonderes für den Körper gönnen, zum Beispiel Moorbäder.	5

1 sehr unzu-treffend	2 eher unzu-treffend	3 dazwischen/ unsicher	4 eher zutreffend	5 sehr zutreffend

58. Familienurlaub mit Pferden oder Ponys stelle ich mir sehr reizvoll vor. 1
59. Ich nehme mir oft vor, im Urlaub viel über die Kultur des besuchten Landes zu lesen. 4
60. Ich würde gern einmal auf Tuchfühlung mit prominenten Leuten Urlaub machen. 1
61. Ich stelle mir oft vor, dass ich mich im Urlaub hoffnungslos verlieben könnte. 1
62. Ich würde gern eine riesige Höhle in den Rocky Mountains erforschen. 5
63. Ich wäre gern einmal im Urlaub nur zu Fuß oder mit dem Fahrrad unterwegs. 5
64. Ich kann mir gut vorstellen, dass ich eine Bobbahn auf einem Einer-Schlitten runterfahre. 5
65. Ich wünsche mir oft die schöne Urlaubsatmosphäre eines gut besuchten Strandes am Mittelmeer. 3
66. Ich sehne mich nach einem Urlaub, in dem ich bezüglich Mode, Schmuck und Kosmetik voll auf meine Kosten komme. 1
67. Unberührte Südseeinseln haben für mich einen ganz besonderen Reiz. 5
68. Ich sehne mich nach motorisierten Urlaubserlebnissen auf fremden Straßen in fernen Ländern. 5
69. Ich würde es begrüßen, wenn ich im Urlaub stärker als im Alltag spirituelle Erlebnisse hätte. 5

1 sehr unzu- treffend	2 eher unzu- treffend	3 dazwischen/ unsicher	4 eher zutreffend	5 sehr zutreffend

70. Ich möchte den Urlaub am liebsten ganz «auf großer Fahrt» verbringen und die Weltmeere kennen lernen.	5
71. Ich möchte im Urlaub mehr über mich selbst erfahren und meine wirklichen Wünsche entdecken.	5
72. Im Urlaub möchte ich sehr gerne etwas Wichtiges und Neues dazulernen, um diese Zeit aktiv zu nutzen.	5
73. Ich suche im Urlaub nach aufregenden neuen Erfahrungen.	5
74. Ich träume oft von einer ganz anderen und die Natur schützenden Art, Urlaub zu machen.	5
75. Ich würde gern einmal in einem verschlafenen, tourismusfernen Städtchen eines deutschen Mittelgebirges Urlaub machen.	4
76. In meiner Vorstellung wünsche ich mir fantastische, technisch geregelte Urlaubslandschaften.	1
77. Ich fühle mich auch im Urlaub stark zu den neuen Medien (TV, Video, PC, Internet, Handy) hingezogen.	1
78. Ich wünsche mir im Urlaub ganz besondere kulinarische Genüsse.	1
79. Ich könnte den ganzen Tag vor mich hin träumen oder auch mal schön fernsehen.	3

1 sehr unzu- treffend	2 eher unzu- treffend	3 dazwischen/ unsicher	4 eher zutreffend	5 sehr zutreffend

80. Ein «Candlelight-Dinner zu zweit» wäre für mich ein wunderbares Erlebnis. 1
81. Ich wünsche mir eine «verschworene Gemeinschaft» von Freunden für einen gemeinsamen Urlaub. 1
82. Ich wünsche mir einen Urlaub, in dem man unter vielen Leuten ganz aus sich herausgehen kann. 1
83. Ich träume manchmal von einem kurähnlichen Erholungsurlaub für Körper und Seele. 5
84. Für den Urlaub wünsche ich mir eine stärkere Beziehung zu meinen Kindern. 1
85. Die kulturellen Reize ferner Millionenstädte wie Kairo oder Peking fände ich äußerst anziehend. 4
86. Ich würde am liebsten in einem Fünf-Sterne-Hotel mit eigenem Strand und Luxus-Pool Urlaub machen. 1
87. Ich wünsche mir nichts sehnlicher, als im Urlaub attraktive und leidenschaftliche Menschen näher kennen zu lernen. 4
88. Ich würde gerne auf eine weite abenteuerliche Entdeckungsreise gehen. 5
89. Ich träume oft von einem besonders urtümlichen Wanderurlaub. 5
90. Im Urlaub würde ich gern einmal eine gewagte Ballonfahrt unternehmen. 5

1 sehr unzutreffend	2 eher unzutreffend	3 dazwischen/ unsicher	4 eher zutreffend	5 sehr zutreffend

91. Wenn ich an Urlaub denke, träume ich von warmem azurblauem Wasser und vollendeter Naturbräune. 5

92. Im Urlaub würde ich mir gerne ab und zu besonders schicke Klamotten kaufen. 3

93. Ich würde gern einmal auf einer Trauminsel im Indischen Ozean nach Perlen, Muscheln oder Korallen tauchen. 5

94. Ich träume vom Urlaub mit geländegängigem Wagen, in dem man schwer zugängliche Orte erreicht. 5

95. Eine Urlaubsreise zu den ägyptischen Pyramiden wäre etwas für mich. 5

96. Ich möchte einmal mit dem Einbaum-Kanu auf die spiegelglatte Südsee zum Fischen hinausfahren. 5

97. Ich träume oft davon, dass ein Urlaub ganz für mich allein zu einer Umkehr und neuem Sinn in meinem Leben führt. 5

98. Ich möchte gerne intensiv und aktiv meinem Lieblingshobby nachgehen. 5

99. Ich suche immer neue «Kicks und Gags» im Urlaub und möchte nicht, dass etwas öde und langweilig wird. 4

1 sehr unzu- treffend	2 eher unzu- treffend	3 dazwischen/ unsicher	4 eher zutreffend	5 sehr zutreffend

100. Ich wünschte mir, ich könnte im Urlaub durch mein Verhalten mehr zum Natur- und Landschaftsschutz beitragen. 5

101. Ich träume von einem Urlaub in einer Gegend, die kaum Touristen kennt und in der man noch echte Gastfreundschaft erlebt. 5

102. Ich fände es toll, wenn man einen künstlichen tropischen Regenwald als Klima-Oase ohne wirkliche Gefahren einrichten könnte. 5

103. Ich wünsche mir einen Urlaub, der mir viel Zeit für Internet-Surfen am Rechner lässt. 1

104. Ich wünsche mir für einen Urlaub, dass man in vielen guten Restaurants einkehren kann. 1

105. Ich träume von einem Urlaub mit viel Schlaf und ganz ohne Stress. 5

106. Ich träume von einer besonders intensiven Harmonie mit meinem Liebespartner. 1

107. Ich träume oft von Urlaubskameradschaft und gemeinsamen Erlebnissen in der Clique. 1

108. Ich möchte zu gerne im Urlaub meine Hemmungen wie in einem großen Rausch einfach wegspülen. 4

109. Ich träume oft davon, durch einen besonders körperfreundlichen Urlaub auf natürlichem Wege mein Idealgewicht zu erreichen. 5

1	2	3	4	5
sehr unzu-treffend	eher unzu-treffend	dazwischen/ unsicher	eher zutreffend	sehr zutreffend

110. Ich würde es mir wünschen, im Urlaub wieder viel mehr Sinn für kindliche Spiele zu entwickeln. 3

111. Ich würde gern einmal einen richtigen Kultur-Urlaub machen. 4

112. Im Urlaub möchte ich am liebsten in vornehmen Gourmet-Restaurants essen gehen. 1

113. Ich wünsche mir sehr, dass ich im Urlaub von «schönen Fremden» umworben werde. 1

114. Ich würde gerne das Nomadendasein in der Wüste kennen lernen. 5

115. Ich träume davon, im Urlaub nach langem Marsch in einem einsam gelegenen Fluss oder See zu baden. 5

116. Ich träume oft davon, dass ich einen Extremsport beherrschen könnte, wie zum Beispiel das «Free-Climbing» an steilen Felshängen. 5

117. Ich träume von einem Badeurlaub an südlichen Stränden, wo man ganz die Hüllen fallen lassen und nahtlos braun werden kann. 5

118. Ich wünsche mir große Kaufhäuser und Konsumtempel an meinem Urlaubsort. 1

119. Ich würde gern einmal wie ein friedlicher Südsee-Eingeborener auf einem Inselatoll von Fischen und wilden Früchten leben. 5

1 sehr unzu- treffend	2 eher unzu- treffend	3 dazwischen/ unsicher	4 eher zutreffend	5 sehr zutreffend

120. Eine Australien-Durchquerung mit einem Wohnmobil ist einer meiner Urlaubsträume. 5

121. Ich möchte gern einen Indianerstamm besuchen und den Kontakt zu einem Schamanen herstellen. 5

122. Ich würde gern einmal mit einer kleinen Segeljolle eine ausgedehnte Tour im Schärengebiet vor Schweden unternehmen. 5

123. Ich suche eine Urlaubsform, die es mir ermöglicht, mir selbst zu begegnen und mich wieder aufzubauen. 5

124. Ich kann mir einen sehr befriedigenden Urlaub vorstellen, der mit Fortbildung, Tagungen, Workshops und dergleichen angereichert ist. 4

125. Ich möchte im Urlaub einmal etwas Einmaliges tun, was noch nie jemand gemacht hat. 5

126. Ich würde gerne auf einer Insel Urlaub machen, die ganz auf Motorisierung verzichtet. 5

127. Ich suche im Grunde eine schöne Urlaubsidylle ohne touristischen Rummel. 5

128. Ich würde gerne eine künstliche Erlebniswelt besuchen, in der wilde Tiere durch Hologramme simuliert werden. 4

129. Ich würde gerne einen besonders schönen Urlaub wie einen richtigen Film abspeichern, um ihn genussvoll immer wieder erleben zu können. 4

1 sehr unzu-treffend	2 eher unzu-treffend	3 dazwischen/ unsicher	4 eher zutreffend	5 sehr zutreffend

130. Ich könnte es mir gut vorstellen, dass ich vor allem wegen der besonderen Küche einen Urlaub in einer bestimmten Region, etwa im Elsass, plane. [2]

Antwortbogen für WUNSCH-Fragebogen

1	27	53	79	105		A
2	28	54	80	106		B
3	29	55	81	107		C
4	30	56	82	108		D
5	31	57	83	109		E
6	32	58	84	110		F
7	33	59	85	111		G
8	34	60	86	112		H
9	35	61	87	113		I
10	36	62	88	114		J
11	37	63	89	115		K
12	38	64	90	116		L
13	39	65	91	117		M
14	40	66	92	118		N
15	41	67	93	119		O
16	42	68	94	120		P
17	43	69	95	121		Q
18	44	70	96	122		R
19	45	71	97	123		S
20	46	72	98	124		T
21	47	73	99	125		U
22	48	74	100	126		V
23	49	75	101	127		W
24	50	76	102	128		X
25	51	77	103	129		Y
26	52	78	104	130		Z

Auswertung:
Bitte addieren Sie für jede Fragenummer die auf den waagerechten Zeilen von Ihnen eingetragenen Bewertungsziffern (1–5) und tragen Sie die Summe in das freie Kästchen links neben den Buchstaben von A bis Z ein. Für diese Punktwerte suchen Sie bitte im Profilblatt am Ende des Tests die jeweils zutreffende Wu-Spalte, malen Sie die zutreffenden Kreise mit weichem Bleistift aus und verbinden Sie dann die ausgemalten Kreise mit einer durchgezogenen Linie. Dies ist Ihr «Wunschprofil», das Sie später mit Ihrem «Wirklichkeitsprofil» vergleichen sollen.

Das *wirkliche* Urlaubsverhalten soll in dem folgenden, ebenso aufgebauten Fragebogen erfasst werden.

Fragebogen zur Urlaubswirklichkeit

Wir möchten gerne wissen, wie Sie sich in den letzten Jahren in Ihrer Urlaubs*wirklichkeit* beurteilen. Es geht dabei nicht darum, darzustellen, was Sie eigentlich gerne im Urlaub täten, sondern was Sie tatsächlich tun, welche Vorlieben Sie verwirklichen, womit Sie faktisch gute Erfahrungen gemacht haben. Auch in diesem Fragebogen geht es immer um den Urlaub, auch wenn das Wort «Urlaub» oder «Ferien» nicht in jedem Satz vorkommt.

Bitte entscheiden Sie wieder mit den Zahlenwerten von 1 bis 5, wie zutreffend jede der folgenden Aussagen für Ihre persönliche Wirklichkeitswelt ist, und schreiben Sie diese Zahl in das für die betreffende Satznummer vorgesehene Kästchen auf dem nachfolgenden Antwortbogen. Bitte bearbeiten Sie den Bogen allein und ohne fremde Hilfe. Denken Sie nicht zu lange über die einzelnen Sätze nach und lassen Sie keinen Satz aus. Antworten Sie ehrlich, da ohne Bereitschaft zu einer unverfälschten Beurteilung dieser Test keinen Sinn macht. Außerdem gibt es keine richtigen und falschen Antworten. Bitte fangen Sie an!

1 sehr unzu- treffend	2 eher unzu- treffend	3 dazwischen/ unsicher	4 eher zutreffend	5 sehr zutreffend

1. Ich lebe im Urlaub regelmäßig stressfrei und locker in den Tag hinein. ☐
2. Ich nehme mir im Urlaub immer Zeit für romantische Liebesspiele. ☐
3. Ich gehe im Urlaub mit meinen Freunden durch dick und dünn. ☐
4. Im Urlaub mache ich oft «die Nacht zum Tage» (zum Beispiel in einer Super-Disko). ☐
5. Ich habe mir im Urlaub schon oft Massagen und andere wohltuende Körperbehandlungen gegönnt. ☐
6. Es ist mir wichtig, und ich achte immer darauf, dass die Ferienwünsche unserer Kinder berücksichtigt werden. ☐
7. Im Urlaub besuche ich ziemlich oft Konzerte und andere Musikveranstaltungen. ☐
8. Unter meinesgleichen «sehen und gesehen werden» heißt meine bewährte Devise. ☐

1 sehr unzu- treffend	2 eher unzu- treffend	3 dazwischen/ unsicher	4 eher zutreffend	5 sehr zutreffend

9. Nach meiner persönlichen Erfahrung findet man sehr leicht eine wunderbare Urlaubsliebe. ☐
10. Ich mache regelmäßig Urlaub mit einem guten Schuss Wagnis und Abenteuer. ☐
11. Das einfache Leben beim Wandern und Zelten macht mir nach vielen Erfahrungen damit großen Spaß. ☐
12. Ich fahre im Winterurlaub oft besonders schwierige Skipisten. ☐
13. Ich genieße oft das lebhafte Treiben in einem Tourismus-Zentrum am Mittelmeer. ☐
14. Im Urlaub gehört bei mir lustvolles Einkaufen zum festen Programm. ☐
15. Ich habe schon einmal eine Reise zu einer traumhaft schönen Insel im Stillen Ozean gemacht. ☐
16. Ich reise oft und gern mit dem Wohnmobil, um leichter den Ort wechseln zu können. ☐
17. Ich nehme oft spirituelle Erfahrungen und ausgefallene Andenken aus dem Urlaub mit nach Hause. ☐
18. Ich verbringe meinen Urlaub oft größtenteils auf dem Wasser, etwa beim Segeln. ☐
19. Ich nutze regelmäßig die Urlaubszeit, um zu mir selber zu finden. ☐

1 sehr unzu- treffend	2 eher unzu- treffend	3 dazwischen/ unsicher	4 eher zutreffend	5 sehr zutreffend

20. Ich plane im Urlaub immer viele Aktivitäten ein, die ich dann auch ziemlich konsequent abarbeite. ☐
21. Urlaubsziele, die out sind, meide ich konsequent, ich bevorzuge immer das Brandneue und aktuell Angesagte. ☐
22. Ich praktiziere seit längerem für mich persönlich «ökologischen Tourismus». ☐
23. Ich finde immer wieder verträumte Landschaften und Orte, die mir Abstand von der hektischen modernen Welt bieten. ☐
24. Ich war schon mehrmals in Disney World oder einem ähnlichen Erlebnispark. ☐
25. Ich drehe im Urlaub gerne Videofilme oder fotografiere viel. ☐
26. Wenn ich etwas besonders Schmackhaftes sehe, gönne ich es mir. ☐
27. Es gelingt mir fast immer, völlig abzuschalten und auszuspannen. ☐
28. Ich lese meinem Partner im Urlaub alle erotischen Wünsche von den Augen ab. ☐
29. Ich habe oft erlebnisreiche Urlaube mit einer Gruppe von Gleichgesinnten gemacht. ☐
30. Ich nutze im Urlaub alle Gelegenheiten, mich auszutoben, zum Beispiel auf einer wilden Strandfete. ☐

1 sehr unzu- treffend	2 eher unzu- treffend	3 dazwischen/ unsicher	4 eher zutreffend	5 sehr zutreffend

31. Ich betreibe im Urlaub eine besonders ausgeprägte Körperpflege. ☐

32. Im Urlaub stelle ich mich konsequent auf das Zusammenleben mit Kindern ein. ☐

33. Ich bereite mich jedes Mal auf die Kultur des besuchten Landes vor. ☐

34. Ich fahre immer nur in die besten Hotels oder Clubs. ☐

35. Im Urlaub finde ich ohne Probleme erotische Abwechslung mit neuen Bekanntschaften. ☐

36. Ich habe schon mehrfach fremde Länder auf eigene Faust bereist. ☐

37. Es gelingt mir oft, beim Wandern frei lebende Tiere zu beobachten. ☐

38. In den Ferien bin ich besonders sportlich aktiv, bis an die Grenze der Belastbarkeit. ☐

39. Schwimmen, Strandleben und Sonnetanken stehen bei mir seit längerem ganz im Mittelpunkt des Urlaubs. ☐

40. Als Schnäppchen-Jäger bin ich auch im Urlaub ständig auf der Suche nach kleinen Schätzen. ☐

41. Ich war schon einmal in Polynesien im Pazifik und habe dort einen paradiesischen naturnahen Erlebnisurlaub gemacht. ☐

42. Mit einem Motorrad unterwegs zu sein bedeutet für mich erfahrungsgemäß Freiheit pur. ☐

1 sehr unzu- treffend	2 eher unzu- treffend	3 dazwischen/ unsicher	4 eher zutreffend	5 sehr zutreffend

43. Im Urlaub mache ich oftmals besondere okkulte Erfahrungen. ☐
44. Im Urlaub gehe ich immer wieder auf ausgedehnte Segeltörns. ☐
45. Ich habe mehrfach die Erfahrung gemacht, dass die Urlaubszeit gut geeignet ist, um seelische Krisen zu überwinden. ☐
46. Im Urlaub unternehme ich immer viel, treibe Sport oder mache Ausflüge. ☐
47. Ich mag erfahrungsgemäß Last-Minute-Reisen mit ihrem Überraschungsmoment. ☐
48. Ich beherzige konsequent die Regeln des umweltfreundlichen sanften Tourismus. ☐
49. Ich habe oft gute Erfahrungen mit Urlaubsorten gemacht, die nicht alle Auswüchse des organisierten Tourismus mitmachen. ☐
50. Ich ziehe regelmäßig ein wohl temperiertes Erlebnisbad dem Meer mit Ebbe und Flut, Brandung, Seegang, Quallen, Wind, Teer vor. ☐
51. Ich habe im Urlaub immer mein Handy dabei, um etwas besonders Wichtiges nicht zu verpassen. ☐
52. Im Urlaub lasse ich es mir gut gehen, was Essen und Trinken betrifft. ☐
53. Ich unternehme im Urlaub nicht zu viel, und schon gar nicht in Hektik. ☐

1 sehr unzu- treffend	2 eher unzu- treffend	3 dazwischen/ unsicher	4 eher zutreffend	5 sehr zutreffend

54. Ich beschäftige mich im Urlaub intensiv mit meinem Partner und gehe stark auf sie oder ihn ein. ☐
55. Ich erlebe regelmäßig im Urlaub die Kameradschaft zwischen Freunden. ☐
56. In den Ferien kann ich bei einem Mega-Party-Spaß erfahrungsgemäß besonders viel Alkohol vertragen. ☐
57. Ich schwimme im Urlaub viel und regelmäßig, weil es meinem Körper sehr gut tut. ☐
58. Ich besuche oft mit den Kindern einen Vergnügungspark oder Zoo. ☐
59. Museen besuche ich regelmäßig, sie sind für mich ein Stück lebendiger Geschichte. ☐
60. Meine extravaganten Sonderwünsche müssen prompt erledigt werden, und das klappt auch fast immer. ☐
61. Ich flirte im Urlaub auf Teufel komm raus, meistens mit viel Resonanz. ☐
62. Ich bereise oft unerschlossene Länder, wo es bisher nur sehr wenige Touristen gibt. ☐
63. Ich brauche nach meinen reichlichen Erfahrungen als Wanderer wirklich keine luxuriöse Ausrüstung. ☐
64. Ich schwimme im Urlaub oftmals längere Strecken, zum Beispiel zu einer Insel und zurück. ☐

1 sehr unzu-treffend	2 eher unzu-treffend	3 dazwischen/ unsicher	4 eher zutreffend	5 sehr zutreffend

65. Beim Urlaub im Mittelmeerraum genieße ich es immer wieder, abends bei lauer Luft draußen zu sitzen. ☐
66. Ich kaufe mir oft und gerne modische Dinge im Urlaub. ☐
67. Ich habe gute Erfahrungen mit weit entfernten romantischen Südseeinseln gemacht. ☐
68. Ich bevorzuge und praktiziere den Urlaub mit dem Wohnmobil, da sich damit leichter Abstecher in abgelegene Gegenden verwirklichen lassen. ☐
69. Ich habe mehrfach die Erfahrung gemacht, dass man im Urlaub spirituell sensibler wird. ☐
70. Im Urlaub bewege ich mich oft und gerne per Schiff fort. ☐
71. Ich fahre seit einiger Zeit gerne allein in den Urlaub, um mich selbst besser kennen zu lernen. ☐
72. Ich gestalte meine Urlaube tatsächlich etwas überaktiv, so als ob ich noch arbeiten müsste. ☐
73. Ich probiere im Urlaub oft neue interessante Speisen und Getränke aus. ☐
74. Im Urlaub zieht es mich seit Jahren in Naturschutzgebiete, die ich zur Beobachtung von Flora und Fauna behutsam erkunde. ☐
75. Ich mache regelmäßig Urlaub in touristisch ziemlich unerschlossenen Gegenden, wo sich Fuchs und Hase gute Nacht sagen. ☐

1 sehr unzu- treffend	2 eher unzu- treffend	3 dazwischen/ unsicher	4 eher zutreffend	5 sehr zutreffend

76. Ich bevorzuge und genieße es im Urlaub immer wieder, wenn durch Airconditioning drinnen die Schwankungen des Wetters ausgeglichen werden. ☐
77. Ich nehme fast immer mein Notebook mit in den Urlaub. ☐
78. Im Urlaub halte ich es konsequent mit dem Spruch: Essen und Trinken hält Leib und Seele zusammen. ☐
79. Ich gebe zu, dass ich die Gewohnheit habe, Urlaube zum Faulenzen zu nutzen. ☐
80. Ich verschaffe mir im Urlaub tatsächlich immer romantische Erlebnisse zu zweit. ☐
81. Ich fahre oft mit guten Freunden in den Urlaub, um etwas Abenteuerliches zu erleben. ☐
82. Ich nehme auch im Urlaub mal eine Partydroge oder etwas Ähnliches, um so richtig in Schwung zu kommen. ☐
83. Bei einem maßvollen Fitness-Programm erhole ich mich nach den regelmäßigen Erfahrungen damit sehr gut. ☐
84. Ich achte immer konsequent auf Ferienangebote für die ganze Familie. ☐
85. Ich lasse bei Besichtigungstouren möglichst kein bedeutendes Bauwerk aus. ☐
86. Ich lasse mich im Urlaub oft in extravaganter, teurer Kleidung sehen. ☐

1 sehr unzu- treffend	2 eher unzu- treffend	3 dazwischen/ unsicher	4 eher zutreffend	5 sehr zutreffend

87. Ich suche mir bewusst Urlaubsorte aus, wo ich wahrscheinlich jemanden zum Verlieben finde, und habe auch Erfolg damit. ☐
88. Ich habe schon mehrmals eine richtige Abenteuerreise mitgemacht. ☐
89. Das Lagerfeuer und die primitive Kochstelle gehören zum Wandern dazu, und ich verwirkliche das regelmäßig. ☐
90. Ich widme mich im Urlaub oft dem Sporttauchen oder einem anderen etwas riskanten Wassersport. ☐
91. Ich buche immer wieder gerne Pauschalurlaube im Mittelmeerraum. ☐
92. Ich bringe immer originelle Souvenirs mit nach Hause. ☐
93. Ich habe eine Südseeinsel als wirklich lohnendes, fast paradiesisches Urlaubsziel besucht und schätzen gelernt. ☐
94. Selbst Auto zu fahren macht mir auch im Urlaub meistens viel Spaß, und deshalb nehme ich es fast immer mit. ☐
95. Ich lese im Urlaub immer auch etwas über Spiritualität und Esoterik. ☐
96. Ich mache oft Urlaube, bei denen kleine und große Schifffahrten anstehen. ☐
97. Ich denke im Urlaub immer sehr viel über mich selbst und meine Lebensziele nach. ☐

1 sehr unzu- treffend	2 eher unzu- treffend	3 dazwischen/ unsicher	4 eher zutreffend	5 sehr zutreffend

98. Ich nutze den Urlaub und die eigene Urlaubsfitness öfter für ein anspruchsvolles Fortbildungsprogramm. ☐
99. Ich gönne mir im Urlaub regelmäßig kleine Abwechslungen und neue Erlebnisse. ☐
100. Ich nutze die Angebote des ökologieverträglichen Tourismus, auch wenn das etwas teurer ist. ☐
101. Ich kenne und besuche oft Urlaubsorte, in denen noch echte und ursprüngliche Gastfreundschaft praktiziert wird. ☐
102. Ich gehe immer wieder gerne in einen Tierpark, der wie ein echtes Wildreservat aussieht. ☐
103. Ich kann mir, nach meinen Gewohnheiten zu urteilen, keinen Urlaub ohne reichhaltiges TV-Programm vorstellen. ☐
104. Ich bin im Urlaub erfahrungsgemäß ganz besonders auf Essen und Trinken gepolt. ☐
105. Es gelingt mir meistens, nach meinem Entspannungsbedürfnis Ferien zu machen. ☐
106. Ich verwirkliche immer viele Unternehmungen zusammen mit dem Partner. ☐
107. Ich erlebe oft zusammen mit einer Gruppe von Fremden besonders spannende Urlaube. ☐
108. Ich finde im Urlaub immer Leute, die so richtig die Sau rauslassen. ☐

1 sehr unzu- treffend	2 eher unzu- treffend	3 dazwischen/ unsicher	4 eher zutreffend	5 sehr zutreffend

109. Ich praktiziere im Urlaub regelmäßig etwas gezielte Muskel-Aufbauarbeit, zum Beispiel mit Fitness-Geräten. ☐

110. Ich bevorzuge Ferienwohnungen in ländlichen Gegenden, weil sie besonders familienfreundlich sind. ☐

111. Ich verwirkliche im Urlaub regelmäßig ein von mir zusammengestelltes «Kulturprogramm». ☐

112. Ich halte mich im Urlaub nur in First-Class-Kreisen auf. ☐

113. Ich weiß, dass ich im Urlaub schnell erotisch auf fremde Menschen reagiere und dann auch erfolgreich Kontakte knüpfe. ☐

114. Ich bin ein richtiger Globetrotter, der tatsächlich überall hinkommt, auch wenn es beschwerlich wird. ☐

115. Ich bin ein leidenschaftlicher Wanderer, der immer wieder das einfache Leben findet. ☐

116. Meine Passion ist seit längerem das anspruchsvolle Bergsteigen, ich lasse keine Gelegenheit aus, hinaufzugehen. ☐

117. Bei mir muss im Urlaub die Sonne möglichst immer scheinen, danach suche ich meinen Urlaubsort aus. ☐

118. Ich kaufe im Urlaub oft interessante Dinge, die ich auch zu Hause gut gebrauchen kann. ☐

1 sehr unzu- treffend	2 eher unzu- treffend	3 dazwischen/ unsicher	4 eher zutreffend	5 sehr zutreffend

119. Ich fliege regelmäßig im Urlaub zu weit entfernten Inselparadiesen, wo das Wasser glasklar und der Strand blütenweiß ist. ☐

120. Ich mache oft Urlaub mit einem geländetauglichen Wagen, er garantiert mir meine Unabhängigkeit und Flexibilität. ☐

121. Ich achte darauf, dass meine spirituelle Orientierung im Urlaub nicht zu kurz kommt. ☐

122. Ich hatte immer schon eine Schwäche für Kreuzfahrten und gönne mir ab und zu solche Erlebnisse. ☐

123. Keine Zeit ist nach meiner konkreten Erfahrung so gut für eine persönliche Umorientierung geeignet wie der Urlaub. ☐

124. Wenn im Urlaub nichts Aktives unternommen wird, arbeite ich zwischendurch oft an meinen neuen Projektideen. ☐

125. Bei der Reiseplanung beachte und bevorzuge ich ganz neue und interessante Angebote. ☐

126. Ich lege großen praktischen Wert darauf, die Landschaft nicht durch Abfall oder Abgase zu verschmutzen. ☐

127. Ich habe mich vom Tourismus-Trubel abgewendet und finde oft schöne Erlebnisse und gute Erholung in ganz abgelegenen Orten. ☐

1 sehr unzu- treffend	2 eher unzu- treffend	3 dazwischen/ unsicher	4 eher zutreffend	5 sehr zutreffend

128. Ich bevorzuge und besuche Urlaubsorte, in denen man schöne Dinge auch ganz unabhängig vom Wetter erleben kann. ☐

129. Meine Urlaubszufriedenheit hängt nach allen Erfahrungen stark von der Verfügbarkeit der Unterhaltungsmedien wie Kino und Fernsehen ab. ☐

130. Ich habe mir im Urlaub schon oft besondere lukullische Spezialitäten gegönnt. ☐

Antwortbogen für WIRKLICHKEITS-Fragebogen

1	27	53	79	105		A
2	28	54	80	106		B
3	29	55	81	107		C
4	30	56	82	108		D
5	31	57	83	109		E
6	32	58	84	110		F
7	33	59	85	111		G
8	34	60	86	112		H
9	35	61	87	113		I
10	36	62	88	114		J
11	37	63	89	115		K
12	38	64	90	116		L
13	39	65	91	117		M
14	40	66	92	118		N
15	41	67	93	119		O
16	42	68	94	120		P
17	43	69	95	121		Q
18	44	70	96	122		R
19	45	71	97	123		S
20	46	72	98	124		T
21	47	73	99	125		U
22	48	74	100	126		V
23	49	75	101	127		W
24	50	76	102	128		X
25	51	77	103	129		Y
26	52	78	104	130		Z

Auswertung:
Bitte addieren Sie für jede Fragenummer die auf den waagerechten Zeilen von Ihnen eingetragenen Bewertungsziffern (1–5) und tragen Sie die Summe in das Kästchen links neben den Buchstaben von A bis Z ein! Für diese Punktwerte suchen Sie bitte im Profilblatt am Ende des Tests die jeweils zutreffende Wi-Spalte, malen Sie die zutreffenden Kreise mit weichem Bleistift aus, und verbinden Sie dann die ausgemalten Kreise mit einer unterbrochenen Linie, die sich von der schon eingezeichneten Linie gut unterscheiden lässt. Dies ist Ihr «Wirklichkeitsprofil», das Sie nun mit Ihrem schon eingezeichneten Wunschprofil vergleichen sollen.

Zunächst aber einige Hinweise zu den 26 verschiedenen Urlaubsmotiven. Diese sind auf dem Profilbogen mit einem etwas verkürzten Titel versehen. Wenn Sie genauer wissen möchten, welche Antworten dahinter stecken, sollten Sie anhand der beiden Auswertungsbögen die den betreffenden Buchstaben in der jeweiligen Zeile zugeordneten Einzelfragen und Ihre Beantwortungen dazu studieren.

Wunsch und Wirklichkeit

Was bedeutet nun eine ausgeprägte Diskrepanz zwischen Wunsch und Wirklichkeit für eines der Urlaubsmotive auf dem Profilbogen? Ist zum Beispiel der Wu-Wert stark rechts angesiedelt, während der Wi-Wert in der gleichen Zeile nach links tendiert, haben Sie einen Erlebnisbereich vor sich, wo Sie bisher unerfüllte Wünsche mit sich herumtragen. Sie haben diese in Wirklichkeit nicht ausgelebt, woraus unter Umständen starke Unzufriedenheit resultieren kann.

Ist dagegen die Wi-Linie an einem Punkt stärker nach rechts, die Wu-Linie nach links abweichend, haben wir es mit einem Urlaubsmotiv zu tun, das Sie zwar verwirklichen, das aber keine große Begeisterung oder Leidenschaft (mehr) weckt. Hier droht die gewohnheitsmäßige Realität, auch wenn sie durchaus noch als befriedigend erlebt wird, ansatzweise die innere Wunschwelt zu ermüden.

Bei der Interpretation Ihres Profils sollten Sie aber nicht nur auf die Differenzen zwischen Wunsch und Wirklichkeit achten, sondern auch überprüfen, ob Sie verschiedene Urlaubsmotive gleich stark zur rechten Seite hin ausgelenkt haben, zwischen denen es Konflikte und Unvereinbarkeiten gibt oder geben kann. Viele Menschen sind nicht eigentlich deshalb unzufrieden, weil *ihre* Urlaubswünsche an der äußeren Realität scheitern. Vielmehr besteht ein Konflikt *in ihnen selbst.* Sie wollen Wünsche realisieren, die kaum zueinander passen, deren gemeinsame Realisierung schwer möglich ist oder sogar unmöglich erscheint. Wenn Sie solche Konfliktausprägungen bei sich selbst entdecken, sollten Sie sich fragen, wie Sie diesen Konflikt in Ihnen selbst schlichten oder neutralisieren können. Man kann zum Beispiel abwechselnd bestimmte Urlaubsmotive zum Zuge kommen lassen, dies schafft eine friedliche Koexistenz durch ein «konstruktives Nacheinander». Es gibt aber auch kreative Lösungen, die doch eine Vereinbarkeit stark gegensätzlich erscheinender Motive ermöglichen, ohne diese zu «vergewaltigen». Hierdurch kann eine ganz neue Form des Urlaubs entstehen, die ursprünglich sehr verschiedenen Wünschen durch «originelle Verschmelzung» gleichermaßen Rechnung trägt.

Wir wollen nun dieses Wechselspiel von Wünschen und Wirklichkeit an zwei Beispielen aus meiner Praxis etwas näher anschauen.

Unter den zahlreichen Veranstaltungen und Kongressen, die ich besuchen muss, habe ich mich auf einen stets besonders gefreut. Das lag nicht an der Güte der Vorträge, die dort gehalten wurden, sondern an Oskar.

	Wunsch & Wirklichkeit	5–8 Punkte WuWi	9–12 Punkte WuWi	13–17 Punkte WuWi	18–21 Punkte WuWi	22–25 Punkte WuWi
A	Entspannung & passiver Stressabbau, Träumen & Faulenzen	○○	○○	○○	○○	○○
B	Romantik & zärtliche Erotik, partnerschaftliche Harmonie	○○	○○	○○	○○	○○
C	Urlaub mit Freunden, Kameradschaft & verschworene Gemeinschaft	○○	○○	○○	○○	○○
D	Rausch in der Masse, Party ohne Ende, hemmungsloser Spaß	○○	○○	○○	○○	○○
E	Schönheitspflege, Kuren & Body-Styling	○○	○○	○○	○○	○○
F	Familienurlaub, Ferienspaß mit Kindern	○○	○○	○○	○○	○○
G	Kultur- & Bildungsreisen, kreative Gestaltung & ästhetische Genüsse	○○	○○	○○	○○	○○
H	Exklusivität, Luxus, Extravaganz, Prominentenurlaub	○○	○○	○○	○○	○○
I	Erotische Erlebnisse & Abenteuer, Singles auf Partnersuche	○○	○○	○○	○○	○○
J	Fern- & Abenteuerreisen, Forschen & Entdecken, Globetrotter-Urlaub	○○	○○	○○	○○	○○
K	Wandern & Radfahren, das einfache Leben entdecken	○○	○○	○○	○○	○○
L	Sporturlaub mit starker Risiko- & Abenteuerbetonung	○○	○○	○○	○○	○○
M	Badeurlaub mit Sonne, Sand & Meer, Pauschalreisen	○○	○○	○○	○○	○○

	Wunsch & Wirklichkeit	5–8 Punkte WuWi	9–12 Punkte WuWi	13–17 Punkte WuWi	18–21 Punkte WuWi	22–25 Punkte WuWi
N	Einkaufen, interessante Produkte & Souvenirs	○○	○○	○○	○○	○○
O	Paradiesurlaub, friedliche Exotik, Südseeinsel-Erlebniswünsche	○○	○○	○○	○○	○○
P	Ferienmobil-, Geländewagen- oder Motorradurlaub	○○	○○	○○	○○	○○
Q	Esoterik, Fantasie & Mysterien, spirituelle Erlebniswünsche	○○	○○	○○	○○	○○
R	Kleine & große Seefahrt, maritime Erlebniswünsche	○○	○○	○○	○○	○○
S	Selbstbesinnung & -findung, Reise ins eigene Ich	○○	○○	○○	○○	○○
T	Aktivurlaub, Hobbys, Lernen, Leistungsersatz	○○	○○	○○	○○	○○
U	Neues kennen lernen und ausprobieren, Abwechslung & Überraschung	○○	○○	○○	○○	○○
V	Unberührte Natur, Ökologie, sanfter Tourismus	○○	○○	○○	○○	○○
W	Beschaulich-ursprünglich, tourismusferne Idylle	○○	○○	○○	○○	○○
X	Künstliche & klimatisierte (Urlaubs-)Welten, Erlebnisparks	○○	○○	○○	○○	○○
Y	Virtuelle, medientechnische Kommunikation & Unterhaltung	○○	○○	○○	○○	○○
Z	Schlaraffenland, gut essen & trinken	○○	○○	○○	○○	○○

Oskar oder Was macht Herr Meier im Himalaja?

Oskar war ein Kollege aus München und zum Zeitpunkt dieses Kongresses immer frisch aus dem Urlaub zurück. Keiner konnte so spannend erzählen wie er, keiner machte so aufregende Urlaube wie er. Mit dem Paddelboot durch die glücklichen Inseln Ozeaniens auf den Spuren von Paul Theroux, mit Geländewagen und Bruce Chatwin unterm Arm durch Patagonien, auf dem Fahrrad die Seidenstraße entlang – es waren immer echte Abenteuerreisen, die er unternahm. Und die Ideen kamen immer von seiner Frau. Sie hatte keinen Beruf und investierte viel Zeit in die Vorbereitung dieser Reisen, auf denen sie auch genau Tagebuch führte. Später wollte das Ehepaar diese Tagebücher und die vielen Fotos von unterwegs zu einem Buch verarbeiten.

Gegenwärtig war daran natürlich nicht zu denken, denn Oskar ging es wie den meisten von uns: Sein Weg führte nach oben und seine Zeit wurde immer knapper. Aber im Kollegen- und Freundeskreis waren Oskar und seine Frau gern gesehene Gäste, die sich die Einladungen aussuchen konnten. Endlich mal Menschen, die wirklich etwas erlebten und nicht bloß über ihren langweiligen Beruf, die noch langweiligere Politik und das oberlangweilige Fernsehen reden konnten.

Oskar und mehr noch seine Frau sonnten sich in der Anerkennung und Bewunderung, die ihnen zuteil wurden.

Wir hatten uns wieder genau ein Jahr nicht gesehen, ich wusste aber, dass Oskar inzwischen Chefarzt geworden war. Als wir uns am ersten Kongresstag trafen, gratulierte ich ihm zu seiner neuen Position und wartete gespannt auf seinen jüngsten Urlaubsbericht. Er fand am Abend in einem geselligen Kreis von Kollegen statt, fiel aber matter aus als sonst, obwohl die Reise wahrlich spektakulär war. Hochland-Trekking in Nepal – einer aus der Gruppe, in der Oskar und seine Frau durch das wilde Hochland gewandert waren, hatte einen Herzanfall erlitten,

Oskar musste erste Hilfe leisten und den Kranken dann mit anderen ins Tal tragen. Über seine Schilderung des Krankenhauses dort lachte die abendliche Tischgesellschaft Tränen. Aber da gab es auch einen Unterton von Sarkasmus, den ich früher von Oskar nie gehört hatte. Er machte mich stutzig, denn Sarkasmus ist meist eine Reaktion auf Überforderung.

Beim Frühstück am nächsten Morgen, als wir nur zu zweit waren, brachte ich noch einmal das Gespräch auf seine Reise, sprach ihm meine Bewunderung aus und erzählte vom Fiasko meines Insel-Hoppings in Griechenland während des letzten Urlaubs. «Es war einfach zu viel Action», sagte ich. «Was ich wirklich brauchte, war Ruhe.»

«Ruhe», sagte er träumerisch. «Das wäre mal eine echte Alternative.»

«Bist du dir eigentlich ganz sicher, dass du immer den Urlaub machst, den du machen möchtest?», fragte ich vorsichtig. Er war ganz offen. «Darüber habe ich nie nachgedacht. Es war doch immer so bequem für mich, das alles meiner Frau zu überlassen. Ich musste mich um nichts kümmern, sie war zufrieden, und ich, das muss ich sagen, hatte den ganzen Klinikalltag am zweiten Urlaubstag vergessen.»

«Klar», erwiderte ich, «bei dem Aktionismus, den du entwickelt hast.» Dann erzählte ich ihm von dem Test, mit dem man den Grad der Übereinstimmung von Urlaubswunsch und Urlaubswirklichkeit herausfinden kann. Er war sehr interessiert und machte ihn noch am Abend desselben Tages. Wir mussten beide lachen, als wir das Ergebnis sahen. Es glich einem Weihnachtsbaum. Die Urlaubswünsche schlugen eindeutig in die eine, die Urlaubswirklichkeit ebenso eindeutig in die andere Richtung aus. Die Sehnsucht war Ruhe, Reiz-Reduktion und Regeneration. Die Realität war Abenteuer. «Tja», sagte ich, «da ist wohl ein Gespräch mit deiner Frau fällig.» Er nickte düster. «Aber was soll ich ihr sagen? Ich kann ihr doch keinen Urlaub auf dem Bauernhof vorschlagen.»

Er hatte ein Problem, das stimmte. Es schien nicht mehr als gerecht, wenn zur Abwechslung mal seine Urlaubswünsche im Vordergrund standen, nachdem jahrelang seine Frau dominiert hatte. Andererseits hatte er – im Gegensatz zu ihr – ein nicht nur anstrengendes, sondern auch anregendes Berufsleben. Wenn er jetzt darauf bestand, seine Belastung im Urlaub auszugleichen, wurde die Reizlosigkeit ihres Daseins nicht mehr kompensiert – und, schlimmer noch, auch der nachfolgende gesellschaftliche Glanz des bestandenen Abenteuers und der Berichte darüber entfiel.

Was tun? Sollten sie getrennten Urlaub machen? Musste sich einer dem anderen unterordnen? Oder gab es doch noch einen Weg, die Bedürfnisse beider zu vereinen?

Es wurde spät an diesem Abend, Dutzende von Ideen wurden von uns diskutiert und wieder verworfen. Dann schoss mir plötzlich eine Erinnerung durch den Kopf: Kürzlich hatte ich von hoch gelegenen kleinen Hütten in Österreich gehört, alten, sehr schönen, ganz aus Holz gebauten Heuspeichern, die Troadkästen heißen und die man als moderner Robinson im Sommer bewohnen kann – ohne Strom und fließendes Wasser. Ähnliche Hütten, noch höher, abgelegener und einsamer, kann man in den Pyrenäen mieten. Man wäscht sich im Bach, sieht tagelang keinen Menschen und muss alles, was man essen will, im Rucksack zur Hütte schleppen. «Mehr Ruhe findest du auf der ganzen Welt nicht», sagte ich, «und für deine Frau ist es ein abenteuerlicher Extremurlaub.» Oskar dachte einen Moment nach, dann begannen seine Augen zu glänzen. «Wunderbare Idee! Ich sehe unseren nächsten Urlaub vor mir.»

«Wenn ihr das macht, darfst du eins unter gar keinen Umständen vergessen», sagte ich tiefernst. «Den Korkenzieher.»

«Und das Aspirin», erwiderte er und grinste.

Klaus oder Immer wieder die Insel

Es sind nicht immer äußere Umstände, die für eine Diskrepanz zwischen Urlaubswunsch und Urlaubsrealität verantwortlich sind. Mein Freund Klaus war allerdings felsenfest davon überzeugt, dass er nur der Kinder und der Familie zuliebe jedes Jahr nach Juist fuhr. Er hatte nichts gegen die Insel, im Gegenteil. Nirgendwo hatte er sich besser erholt. Das Fehlen von Autos, das Hochseeklima, die langen Brandungsspaziergänge, das Buddeln im Sand mit den Kindern, die Fahrradfahrten durch Dünen und am Watt entlang – für Klaus war das die perfekte Möglichkeit, seine Seele baumeln zu lassen. Aber da gab es ja noch die ganz andere Welt jenseits des Horizonts, fern, lockend und gefährlich, die Welt der magischen Namen wie Surabaya, Timbuktu oder Sansibar, die Welt mit jenem ungewissen Aroma von Nelken-Duft, Dschungel-Luft und Malaria-Tod, die Welt des Fernwehs und der ewig unerfüllten Sehnsucht. Kein Juist-Urlaub, in den Klaus nicht Expeditionsberichte und Reisebeschreibungen aus jener Welt mitnahm.

Klaus, so seine eigene innerste Überzeugung, war eigentlich gemacht, diese Welt selbst zu entdecken. Aber seine Kinder waren klein, und das Urlaubsziel der Wahl war Juist. Doch dann wurden die Kinder größer. Und als sie 14 und 15 waren, da wollten sie zum ersten Mal nicht mehr mit nach Juist, sondern mit Gleichaltrigen ins Pfadfinderlager.

Klaus war verblüfft, dann erfreut. Ohne die Kinder musste auch er nicht nach Juist! Die Welt lag ihm zu Füßen. Er musste sich nur für eine Himmelsrichtung entscheiden. Doch diese Entscheidung fiel ihm von Tag zu Tag schwerer. Fernost oder New York? Himalaja oder Amazonas? Sahara oder Australien?

Er suchte das Gespräch mit mir, um solche Alternativen zu diskutieren, doch als wir miteinander redeten, wurde schnell klar, dass er im Grunde zu keinem dieser Ziele wollte. Ich schlug ihm einen Persönlichkeitstest vor, und das Ergebnis war so, wie ich es erwartet hatte. Klaus hatte zwar durchaus ein gewisses Maß an Unternehmungslust, Forscherdrang und Offenheit für neue Erfahrungen, aber er war zugleich ein sehr sensibler und harmoniebedürftiger Mensch mit einem hohen Sicherheitsstreben. Die Vorstellung, mutterseelenallein in einer chinesischen Provinzstadt zu stehen und keine Frage stellen und kein Straßenschild lesen zu können, provozierte bei ihm dann doch nicht Abenteuerlust, sondern Panik.

«Mute dir so was allein nicht zu», riet ich ihm. «Für solche Reisen brauchst du Begleitung. Mit dem richtigen Partner kannst du dich auf jedes Wagnis einlassen.»

«Wie soll ich den jetzt noch finden?», sagte er. «Wir haben Mai. Jeder hat seinen Urlaub geplant.»

«Dann verschiebe die Fernreise auf das nächste Jahr. Für den diesjährigen Sommerurlaub bleibt dir immer noch die Nordsee.»

Er dachte einen Moment nach, schmunzelte dann und sagte: «Juist, keine schlechte Idee. Dann hätte ich Zeit, dieses neue Buch über den antarktischen Schiffbruch von Shackleton zu lesen.»

Mal was wagen!

So wie Klaus geht es vielen. Sie würden gern, aber sie trauen sich nicht. Ihre Persönlichkeit ist so zusammengesetzt, dass Neugier und Abenteuerlust von Empfindlichkeit und Angst vor Verletzung gezügelt werden.

Wenn solche Menschen aber immer wieder vor dem eigenen Kleinmut kapitulieren, leben sie mit einer Dauer-Niederlage, die Gift für das Selbstwertgefühl sein kann. Umgekehrt können Reiseerfahrungen und das Bewältigen von Schwierigkeiten das Selbstvertrauen so stärken, dass diese Stärke auch im Alltag hilft.

Es ist also durchaus wünschenswert, sich mal auf ein Wagnis einzulassen – ich habe es selten erlebt, dass jemand aus einem solchen Erlebnis nicht bereichert und gestärkt zurückgekehrt ist. Aber wie wirft man sein Herz über die Hürde, wenn es einem vorher in die Hose rutscht?

Zwei Wege, um das zu verhindern, haben sich bewährt. Einmal der, den ich meinem Freund Klaus empfohlen habe: das Eingehen einer Reise-Partnerschaft, wobei der Partner gar nicht unbedingt eine Draufgänger-Persönlichkeit sein muss. Manchmal ist es sogar besser, wenn man weiß, dass die eigenen Ängste vom Partner verstanden und akzeptiert werden, weil sie ihm selbst nicht fremd sind.

Der zweite Weg ist der, die Hürden, über die man springt, langsam zu erhöhen, dadurch einen Trainingseffekt zu erzielen und Selbstüberforderung zu vermeiden. Also nicht gleich allein durch die Wüste Gobi, sondern erst mal Tagestouren im Tessin – mit der Sicherheit der abendlichen Rückkehr in die Sicherheit und Geborgenheit eines gemütlichen Gasthofs. Wenn Wetter und Stimmungslage danach sind, nimmt man sich dann Matte, Schlafsack und Proviant mit und bleibt mal eine Nacht auf einer Bergwiese in der Nähe eines sprudelnden Baches. (Bitte vorher unbedingt Wetterprognosen einholen – auch im Sommer – und im Gasthof Bescheid sagen!)

Wenn man sich einmal auf solche Selbsterfahrungen einlässt, bekommt man schnell ein Gefühl dafür, was man sich zumuten kann und vor welchen Abenteuern man sich in Acht nehmen muss.

9 Wie soll er denn nun werden, mein nächster Urlaub?

Kathrin und Johannes oder
Wenn das Ferienhaus zur Falle wird

Kathrin und Johannes konnten über Mangel an Problemen nicht klagen, auch als Erlebnis-Typen unterschieden sie sich kaum voneinander. Ihre Schwierigkeiten lagen auf anderem Gebiet. Kathrin war Lehrerin, Johannes Coach und Kommunikationstrainer. Er hatte einen guten Ruf, wurde oft als Krisenfeuerwehr in große Betriebe gerufen, wenn dort die Kooperation nicht klappte, und war ständig unterwegs. Das hatte dazu geführt, dass er die Familie mehr und mehr als Aufladestation benutzte, gerade noch an den Wochenenden präsent war, mit den beiden Kindern spielte, frische Wäsche einpackte und dann wieder für fünf Tage verschwand.

Diese Konstellation hatte bei Kathrin irgendwann psychosomatische Beschwerden verursacht und schließlich zur Abschottung und zu einer schweren Partnerschaftskrise zwischen ihr und ihrem Mann geführt – ich habe darüber an anderer Stelle ausführlich berichtet («Wenn die Seele SOS funkt»).

Zum Glück gelang die Gesundung ihrer kranken Partnerschaft und die Entwicklung neuer Gemeinsamkeiten. Dazu gehörte auch der Kauf eines Ferienhauses in Italien. Es lag in einem winzigen ligurischen Bergdörfchen mit dem melodischen Namen Pianavia, hoch genug, um dem Touristenrummel an der Küste zu entgehen, aber noch so nahe dem Meer, dass man zum Baden fahren konnte.

Ein paar Monate nach dem Erwerb des Hauses war ich dort zu Gast. Es war Anfang Mai, ich kam aus Norddeutschland, wohin gerade der Nachtfrost zurückgekehrt war. Am Abend saßen wir vor dem Haus an einem Steintisch, aßen Oliven, Brot und Schinken, tranken ligurischen Wein und blickten über das Tal, aus dem das Quaken von Fröschen und der Gesang von Nachtigallen zu uns aufstiegen. Es war warm und wunderbar. Kathrin und Johannes strahlten.

Er liebte es, mit Werkzeug zu hantieren, und freute sich über jeden Tag, an dem er umbauen und renovieren durfte. Kathrin richtete das Haus ein, suchte hübsche Möbel aus und lernte Italienisch. Die Kinder, die sechsjährige Inga und der achtjährige David, fingen Eidechsen, halfen ihrem Papa beim Basteln und eroberten das Dorf – jeder Tag ein Abenteuer.

Fünf Jahre lag das jetzt zurück. Ich traf Kathrin auf einem Gartenfest ein paar Wochen nach den Sommerferien, die sie wieder in Ligurien verbracht hatte. Sie trug ein schulterfreies weißes Kleid, das ihre italienische Sommer-Bräune gut zur Geltung brachte. Aber sie sah auch müde aus. «Es stimmt», bestätigte sie meinen Eindruck. «Der Stress ist diesmal noch schneller zurückgekehrt als sonst.» – «Warum?», fragte ich, «hast du irgendwelchen Ärger?» Sie dachte nach. «Eigentlich nicht. Es ist nur so, als ob der Urlaub gar nicht richtig stattgefunden hätte.» Johannes kam dazu. Er wirkte gut erholt auf mich. «Es wird immer schöner bei uns», sagte er stolz. «Du musst uns mal wieder besuchen.»

Die Gelegenheit dazu ergab sich im Herbst. Ich musste zu einem Kongress in Mailand und konnte ein freies Wochenende anhängen. Als ich darüber nachdachte, wo ich es verbringen könnte, fiel mir ein, dass die Hamburger Schulen Herbstferien hatten. Vielleicht waren Kathrin und Johannes in ihrem Haus? Ich rief an, und sie meldeten sich. Eine halbe Stunde später saß ich in einem Leih-Fiat und kämpfte mich durch den mörderischen Nachmittagsverkehr Milanos zur Autobahn Richtung Genua durch. Es war Abend, als ich in Imperia von der Autostrada abbog und die Richtung zu der schmalen Serpentinen-Straße einschlug, die in die Berge hinaufführte. Die Sonne stand tief, aber sie wärmte immer noch kräftig. Ich machte das Schiebedach auf, kurbelte die Fenster runter und atmete den würzigen Geruch der Berg-Vegetation ein. Viele Pflanzen waren nach der Sommer-Dürre zu einer zweiten Herbst-Blüte erwacht. Der Stress von Kongress und Autobahnfahrt begann abzuklingen, und ich beneidete Kathrin und Johannes um die schöne Abgelegenheit ihres Refugiums. Zwanzig Minuten später fuhr ich in das kleine Dorf, das ausgestorben wirkte. Eine alte Frau, die mir misstrauisch nachsah, war der einzige Mensch, dem ich auf dem Weg zum Haus begegnete. Johannes stand auf einer hohen Leiter an der Dachtraufe und bohrte ein Loch in die Wand. «Die Regenrinne», rief er. «Ich muss nur noch die Schelle festmachen, bin gleich fertig.» Als er herunterkletterte, sah man ihm an, wie glücklich er war. «Es sind nur noch Kleinigkeiten zu machen», sagte er. «Leider.» Dann führte er mich durch das Haus. Es war kaum wieder zu erkennen. Er hatte viele Zwischenwände herausgenommen und die Räume vergrößert, neue Fußböden verlegt, eine Heizung und ein riesiges Marmorbad eingebaut, alle Zimmer hatten neue Fenster, und es gab einen Gewölbekeller für den Wein, ein Kaminzimmer und einen großen Raum, in dem gekocht und an einem gewaltigen Holztisch gegessen wurde. Wir ließen uns daran nieder, und Johannes füllte zwei Gläser mit rotem Wein. «Kathrin wird gleich da sein», erklärte er. «Sie hat die Kinder zum Baden gebracht und kauft auf dem Rückweg im Supermarkt ein. Hier im Dorf gibt es ja nur einen winzigen Laden.» Als unsere Gläser halb leer waren, ging die Tür auf, und die Kinder stürmten herein, gefolgt von Kathrin, die schwere Plastiktüten schleppte. Wir begrüßten uns. «Ich fang gleich an zu kochen», sagte Kathrin und verstaute ihre Einkäufe in Kühlschrank und Regalen. Den Kindern drückte sie eine neue Videokassette in die Hand und ermahnte sie: «Ausnahmsweise dürft ihr heute einen Film gucken, jetzt will ich aber auch kein Gemaule mehr hören.» Inga und David zogen ab. «Sie mopsen sich», sagte Kathrin und stellte einen Wassertopf auf den Herd. «Im Dorf ist nichts los, es gibt keine gleichaltrigen Kinder und der Fernsehempfang ist schlecht hier in den Bergen.» – «Wir kriegen nur zwei Sender», sagte Johannes. «Mir ist das egal, aber die Kinder finden es schrecklich.»

Kathrin begann, Kartoffeln zu schälen. «Tagsüber geht es ja», sagte sie, «da kann ich sie runterfahren zum Baden, aber danach ist es schwierig. Ich versuche, jeden Abend Programm zu machen, Basteln und Spiele und Quiz, aber die Kinder sind ziemlich anspruchsvoll. Aus dem Mensch-ärgere-dich-nicht-Alter sind sie raus.» – «Willst du die Kartoffeln nicht für morgen aufheben», fragte ich, «und wir gehen jetzt was essen? Das ist doch auch für die Kinder lustig. Ich lade euch ein.» – «Gehen geht nicht», sagte Kathrin. «Im Dorf ist kein Restaurant. Wir müssten wieder runterfahren. Da war ich heute schon zweimal. Auf noch mehr Serpentinen-Kurbelei habe ich keine Lust, schon gar nicht im Dunkeln mit Wein im Blut und Grappa im Kopf.» Allmählich begann ich zu ahnen, wie Kathrins Tage in Pianavia aussahen, und meine Beobachtungen in den folgenden beiden Tagen bestätigten diese Ahnung. Johannes verschwand nach dem Frühstück aufs Dach oder in den kleinen Garten, hämmerte, sägte, reparierte, buddelte – und war glücklich. Für ihn war es der perfekte Ausgleich zum konzentrierten Stillsitzen und Zuhören, die seinen Berufsalltag charakterisierten. Kathrin dagegen verbrachte den halben Tag im Auto, fuhr die Kinder zum Strand, kutschierte sie wieder nach Hause, fuhr zum Supermarkt, zum Fleischer, zum Bäcker, füllte die Waschmaschine und leerte sie, kochte und wusch ab und verbrachte die Abende damit, ihre Kinder zu beschäftigen.

Die Lebens-Innovation, die das Haus einmal dargestellt hatte, war Routine geworden, die Anregungen, die sie ihm früher verdankt hatte, waren verdunstet. Die italienische Sprache beherrschte sie inzwischen ziemlich gut, die Einrichtung des Hauses war fertig und das Dorf war bloß ein Dorf und kein Abenteuer mehr. Für die Kinder nicht und für sie nicht. Kathrins Leben in Pianavia war Alltag light – aber eben Alltag. In den ersten Jahren hatte ihr das neue Ferienhaus eine Menge Anregungen geboten und auch für körperlichen Alltagsausgleich gesorgt. Jetzt forderte sie der Urlaub hier in keiner anderen Rolle als der einer Mutter und Fürsorgerin. Zu kurz kam auch die körperliche Fitness. Zum Schwimmen raffte sie sich selten auf, weil sie das Salzwasser erst nach der halbstündigen Heimfahrt abduschen konnte. «Ich würde gerne mal Fahrrad fahren oder Inline-Skaten lernen», bekannte sie an meinem letzten Tag. Aber auf den steilen und kurvenreichen Bergstraßen ging beides nicht.

Wir saßen auf der Terrasse und sahen hinab ins Tal, auf Ölbäume und Gärten. Ein schöner Blick. Johannes hämmerte hinter dem Haus. «Der Schulanfang steht mir bevor», sagte Kathrin. «Ich bekomme eine neue Klasse, eine schwierige ...» – «Und du fühlst dich kein bisschen erholt», beendete ich ihren angefangenen Satz. «Wodurch auch? Du machst ja hier nichts anderes als zu Hause. Du solltest mal Urlaub machen.» Sie sah mich stirnrunzelnd an. «Wäre das nicht arrogant von mir, das alles hier» – sie machte eine Bewegung, die das Haus und das Tal umfasste – «zum Nicht-Urlaub zu erklären?» – «Es wäre vernünftig», erwiderte ich. «Es gibt hier nämlich zu wenig Ausgleich für die Belastungen deines Alltags. Den brauchst du aber, sonst stehst du den Alltag nicht durch. Du bist eine große Kümmerin, das ist deine Schiefhaltung. Du kümmerst dich um deine Klasse, deine Kinder, deinen Mann, deine Wohnung. Und hier kümmerst du dich auch noch um dein Haus. Es ist für dich zur Falle geworden. Du brauchst zur Abwechslung einen Urlaub, in dem man sich um dich kümmert.» Sie blieb lange skeptisch, sagte dann aber: «Vielleicht hast du Recht. Sprichst du mit

Johannes?» Das tat ich. Er fiel aus allen Wolken. Im Traum wäre er nicht auf die Idee gekommen, dass seine Frau in diesem Traumhauskeine Erholung finden könnte. «Meinst du, wir müssen es verkaufen?», fragte er zerknirscht. «Um Himmels willen, nein», beruhigte ich ihn. «Ich hoffe, ich kann noch oft hier sein – bei euch. Aber ihr müsst auch für Urlaub sorgen, aus dem Kathrin so gut erholt nach Hause fährt wie du von hier.» – «Wo könnte der stattfinden?», fragte er zweifelnd. «Das müsst ihr selbst rausfinden», antwortete ich. «Irgendwo, wo das Leben neu und bunt ist für sie, wo sie ein wenig verwöhnt wird und Anregungen empfängt, auch zu körperlicher Aktivität; und wo es gesonderte Anregungen und Beschäftigungs-Angebote für die Kinder gibt – in einem Club zum Beispiel.» Er seufzte. «Jetzt haben wir dieses Paradies hier und dann soll ich in so ein Touristenghetto fahren?» – «Vielleicht fährt deine Familie auch ganz gern mal allein – und du kannst dich hier mit Hammer und Meißel erholen. Des einen Paradies kann bekanntlich des anderen Hölle sein. Vielleicht fällt euch aber auch etwas ein, was für euch alle neu, anregend und erholsam ist, Whale-Watching oder Wildbeobachtung in Afrika – es gibt da wunderbare Lodges.» – «Elefanten», sagte er versonnen, «das wäre was, die haben mich schon immer fasziniert.» – «Siehst du», sagte ich. «Ihr müsst nur anfangen, darüber nachzudenken, am besten alle gemeinsam, und schon fängt die Vorfreude an. Und die Erholung kommt dann von selbst.»

Als ich nach den beiden Tagen in Pianavia – in denen ich mich wunderbar erholt hatte – die Serpentinen wieder hinunterfuhr, dachte ich über Kathrins Erfahrung nach. Ein Urlaub, der jahrelang äußerst förderlich für sie war, hatte seinen Erholungswert allmählich verloren. Das kann, wie in ihrem Fall, dadurch passieren, dass er dem Alltag zu ähnlich wird und nicht mehr genügend Alternativen zu seinen Belastungen bietet. Es kann aber auch dadurch geschehen, dass die Alltagsbelastungen selbst sich verändern.

Gitta oder Der erste Urlaub allein

Bei meiner Kollegin Gitta trat das durch den Tod ihres Mannes ein. Gitta ist beruflich stark belastet und hatte im Urlaub immer für klugen Ausgleich gesorgt. Im Sommer fuhr sie mit ihrem Mann drei Wochen nach Sylt, schwamm, joggte und machte lange Brandungs-Spaziergänge; im Winter fuhr sie zwei Wochen zum Skilaufen nach Österreich. Gitta war besonnen genug, ihren Urlaub als Witwe nicht dort zu verbringen, wo sie mit ihrem Mann gewesen war. Im ersten Sommerurlaub als Single fuhr sie weit weg, nach Amerika. Sie mietete ein Zimmer in einem hübschen Hotel auf Long Island – und machte wie gewohnt ihr Bewegungsprogramm. Einziger Unterschied, dass sie dabei nicht die Brandung der Nordsee, sondern die des Atlantiks vor Augen hatte. Auch zum Skilaufen fuhr sie im folgenden Winter wieder, allerdings nicht nach Österreich, sondern in die Schweiz. Beide Urlaube waren, wie sie mir dann in einem Gespräch anvertraute, ziemlich katastrophal. Sie schlief schlecht, konnte sich nicht entspannen, fand keine Ruhe und keine Erholung.

Erst unsere Gespräche brachten sie dann darauf, dass sich durch den Tod ihres Mannes die Belastung ihres Alltags grundlegend geändert hatte. Früher war er von der Konzentration und Anspannung bei der Arbeit sowie massivem Mangel an Bewegungsmöglichkeit geprägt. Jetzt aber dominierten Gefühle von Verlassensein, Trauer und Einsamkeit, gegen die sie ständig ankämpfte, ohne sich dessen immer bewusst zu sein. Die Arbeit und ihre Belastungen hatten jetzt sogar etwas Ablenkendes und Ausgleichendes für sie. Im Urlaub, als die Arbeit wegfiel, wuchsen ihre Probleme. Sie musste also einen Weg finden, auch ihre freie Urlaubszeit so zu strukturieren, dass sie einerseits abgelenkt, andererseits angeregt und aufgebaut wurde. Sie unternahm verschiedene Versuche, buchte eine Studienreise zu den Schlössern der Loire, machte einen

Kurs bei einem Wiener Starkoch und im nächsten Sommer einen Golfkurs auf Bornholm. Erholsam waren alle Urlaube. Gitta fühlte sich nie allein, sie entkam ihren Grübeleien, war mit Menschen zusammen, lernte Neues kennen und bekam Anregungen für den Alltag. Nach der Frankreich-Reise räumte sie die ganze Wohnung um, die nach dem Tod des Mannes unverändert geblieben war. Nach dem Kochkurs lud sie Freunde und alte Bekannte, die sie in letzter Zeit vernachlässigt hatte, zu Klassikern der Wiener Küche ein. Die besten Erfahrungen aber machte sie mit dem Golfkurs. Sie entdeckte für sich eine Sportart, die ihr gleichzeitig Anspannung und Entspannung bot, sie lernte nette Menschen kennen, mit denen sie ihre Tage auf dem Course verbrachte, sie genoss die körperliche Bewegung und die Nähe des Meeres.

Anregungen zur Planung

Im Lauf der Zeit habe ich mit vielen Kollegen, Freunden und Patienten über Erfahrungen gesprochen, die sie mit Urlaub und Erholung gemacht haben. Aus diesen Erfahrungen lassen sich Schlussfolgerungen ziehen, die auch Ihnen dabei helfen können, Ihre Erholungsstrategie auf die Belastungen Ihres Lebens abzustellen.

Hohe Fremdbestimmung

Wer in seinem Alltag – durch Arbeitsanforderungen oder familiäre Pflichten – hoher Fremdbestimmung unterliegt und geringen eigenen Entscheidungsspielraum hat, der sollte im Urlaub auf Erlebnisse wie Kraftzuwachs und Erreichen eigener Ziele achten. Menschen mit dieser Art von Lebensbelastung haben gute Erfahrungen gemacht mit Wanderungen und

Bergtouren. Auch Urlaub auf gecharterten Schiffen bietet diese Art von positivem Ausgleichserlebnis; dazu bedarf es keiner Segel- und Navigationskenntnisse, eine Motorboot-Fahrt durch die Kanäle Frankreichs oder Hollands hat den gleichen psychischen Effekt: Man steht einmal buchstäblich auf der Kommandobrücke und steuert sein Lebensschiff.

Eintöniger Alltag

Wer zu besonders eintöniger Arbeit gezwungen ist, sollte in seiner Erholungszeit besondere Anstrengungen unternehmen, seine Wahrnehmungskanäle wieder zu öffnen und zu trainieren. Dazu eignet sich besonders das Erlebnis von Kontrasten – auf und ab, hell und dunkel, laut und leise, aromatisch und neutral, heiß und kalt. Solche Erlebnisse kann man auf vielfältige Weise herbeiführen, beim Essen, durch Sauna-Besuche, Bummeln über Märkte, Besuche von Gartenanlagen, auch durch den Wechsel zwischen körperlicher Anstrengung und wohliger Entspannung – und natürlich durch Erotik.

Generell gilt, dass Kontrast-Erlebnisse zum Berufsalltag günstig sind für die Erholung. Je «vollständiger» der Mensch wieder wird, desto besser. Wer also ständig mit vielen Menschen zu tun hat, sollte sich im Urlaub auch mal zurückziehen und auf sich selbst besinnen; der technische Einsiedler sollte – beispielsweise – im Chor singen, der Berufskraftfahrer wandern und der Uhrmacher einen Baum fällen.

Partnerkonflikte

Wenn der Alltag von ernsthaften Problemen mit dem Partner belastet ist, muss man dringend am Alltag dieser Partnerschaft etwas ändern. Dazu gibt es spezielle Literatur, auch ein Kapitel des Buches «Wenn die Seele SOS funkt» enthält eine Anleitung dafür.

Sehr häufig besteht eine Belastung aber auch nur in einer nachlassenden Wahrnehmung des Partners und in trotthafter Eintönigkeit der Partnerschaft. Für die Beseitigung dieser Belastung kann der Urlaub ein ausgezeichnetes Mittel sein. Eine Möglichkeit, mit der viele Freunde und Kollegen gute Erfahrung gemacht haben, ist die einfache Umkehr der üblichen Verantwortung. In den meisten Partnerschaften ist immer der- oder dieselbe für die Auswahl der Urlaubsart und des Reiseziels, für Hotel und Flüge zuständig. Machen Sie es im nächsten Urlaub umgekehrt! Diesmal darf der andere die Entscheidungen treffen und die Reisevorbereitung in die Hand nehmen.

Eine andere gute Möglichkeit, der Partnerschaft zu neuem Schwung zu verhelfen, besteht darin, sich gemeinsam etwas für beide Neues vorzunehmen und es dann zusammen zu erleben – ein besonderes Abenteuer, beispielsweise die Eroberung einer neuen Stadt, einen Sprach- oder Sportkurs.

Hohe Verantwortung

Viele meiner Kollegen sind durch hohe Verantwortung belastet und müssen ständig Planungs- und Strukturpflichten erfüllen. Im Urlaub haben einige dann ihre besten Erholungserfolge erzielt, wenn sie die entgegengesetzte Rolle übernehmen konnten. Ein Freund von mir, der Chefarzt und hoch belastet ist, fährt deswegen regelmäßig auf einem alten Windjammer als einfache Deckshand mit und genießt es, dass Planung der Reise und Verantwortung für Schiff und Crew Sache des Skippers sind. Nebenher ist es für meinen Freund eine spannende Selbstbeobachtung, mal der «Untergebene» zu sein und seine Reaktionen auf den «Chef» wahrzunehmen.

Hohe Fürsorgeeinstellung, Helfersyndrom

Sehr häufig begegne ich Menschen wie Kathrin, die eine starke Persönlichkeitsausprägung in Richtung Mütterlichkeit und Fürsorge oder sogar ein regelrechtes Helfersyndrom haben. Solche Menschen sind von der Aufopferung für andere oft völlig ausgelaugt und brauchen dringend Erholung. Aber im Urlaub setzen sie ihr Verhalten meist fort, sie kümmern sich um Kinder, Abwasch, Einkäufe, nur nicht um sich selbst. Solche Menschen leiden regelrecht, wenn sie Zuwendungen und Fürsorge anderer annehmen sollen. Der Aufenthalt in einem Wellness-Hotel, wo sich alles nur um sie dreht, ist für sie fast Folter. Leichter fällt ihnen beispielsweise ein Urlaub in einer Gruppe, in der die Pflichten verteilt werden und regelmäßig wechseln. Auch dann müssen die anderen noch aufpassen, dass ein Mensch wie Kathrin nicht freiwillig zusätzliche Abwaschschichten übernimmt. Solche Menschen müssen erst wieder lernen, die Freiheit von Pflichten als Genuss zu empfinden. Genuss und Erholung sind für sie im Urlaub wichtige Lernziele.

Hohe Sensibilität

Ein Patient erzählte mir von einem Urlaub, den er gerade hinter sich hatte, als «dem schlimmsten meines Lebens». Der Mann lebt allein und leidet manchmal unter Einsamkeitsgefühlen. Seine Persönlichkeit hat eine starke Ausprägung in Richtung Sensibilität, während Fröhlichkeit und Kontaktfreude bei ihm unterentwickelt sind. Trotzdem ließ er sich dazu überreden, Urlaub in einem Single-Club zu machen. «Es war die Hölle», sagte er. Nämlich eine glatte Selbstüberforderung. Wo die anderen gut drauf waren und willig den Animationsangeboten folgten, da rutschte er noch tiefer in die Einsamkeit und kam so unerholt zurück wie nie zuvor. Ich erklärte ihm, dass er sein Persönlichkeitsprofil im Urlaub nicht einfach an der Garderobe abgeben könnte, dass er eben nicht der Typ für Schunkel-Urlaub sei. Sein Bedürfnis nach menschlichem Kontakt und Kommunikation müsse auf andere Weise befriedigt werden.

Ich ging dann mit ihm alle Namen seines Adressbuches durch, und wir fanden etwa ein Dutzend alte Freundinnen und Freunde, zu denen der Kontakt lose geworden oder verloren gegangen war, weil sie inzwischen woanders lebten. Ich riet ihm, sich bei ihnen wieder zu melden und den nächsten Urlaub als Rundreise zu den alten Freunden zu organisieren. Es wurde ein Erfolg.

Hohe Dauerspannung, Sisisyndrom

Ein anderer meiner Patienten hatte das Problem, dass er es im Urlaub nicht schaffte, von seinem Anspannungs- und Stressniveau herunterzukommen. Er ist Geschäftsführer eines mittelständischen Unternehmens, hat einen 14-Stunden-Tag und steht am Rande einer larvierten Depression. Im Urlaub ersetzte er die Arbeit nur durch andere Tätigkeiten, denen er dann ebenso exzessiv nachging. Er saß morgens eine Stunde auf dem Heimfahrrad, joggte zwei Stunden, las danach sämtliche Tageszeitungen, wanderte nachmittags im Sturmschritt, schaffte es aber nicht, auch nur für zehn Minuten abzuschalten. Wir hatten ein paar ernsthafte Gespräche über die Auswirkungen von chronischem Stress, und er sah ein, dass er etwas für sich tun müsse. Aber was? Ein volles Wochenende studierte ich für ihn Kataloge und schlug ihm dann zehn Tage Esel-Trekking in den spanischen Bergen vor, eine geführte Wanderung fernab der Zivilisation, bei der Esel Gepäck und Proviant tragen und Tempo und Pausen bestimmen. Mein Patient war von dieser Wanderung so begeistert, dass er «seinen» Esel zum Schluss am liebsten adoptiert und mit nach Hause genommen hätte. Der hatte für zehn Tage seine Zeit strukturiert, seinen Rhythmus bestimmt und ihm zum ersten Mal wieder zu innerer Ruhe verholfen. Man sah es ihm nach dem Urlaub regelrecht an: Das Getriebene war aus seiner Gestik und seinem Wesen verschwunden. Vielleicht hatte der Esel sogar sein Leben gerettet.

Fernweh und Finanznöte

Solchen Beispielen wird man nicht immer folgen können. Selbst wenn einem die ideale Erholungsstrategie für den Urlaub klar ist, kann man sie nicht immer realisieren. Zu teuer, zu aufwendig, zu familienunfreundlich. Häufig entwickelt sich der reale Urlaub aus einem Parallelogramm der Kräfte. Der eine möchte dies, der andere jenes, die Kinder noch etwas anderes, Ferientermine und finanzielle Möglichkeiten sind zu berücksichtigen, und so kommt schließlich ein Kompromiss zwischen allem heraus. Der muss aber nicht faul sein.

Ulla, eine aufgeweckte Freundin von mir, muss zwei kleine Kinder großziehen und aus Geldgründen einer extrem eintönigen Arbeit im Call-Center eines Versandhauses nachgehen. Welchen Ausgleich sie im Urlaub am liebsten hätte, weiß sie genau und träumt von Reisen zu den Pyramiden oder über Dschungeldurchquerungen in Borneo. Aber daran ist natürlich nicht zu denken. Mehr als St. Peter-Ording ist für die Ferien nicht drin. Doch Ulla klagt nicht, sie handelt. Wenn sie sich nicht mit den Pharaonen befassen kann, dann eben mit etwas anderem.

Sie besorgt Bücher und Videokassetten – alles über die Wikinger. Die studiert sie dann während des Urlaubs gemeinsam mit ihren Kindern, macht Ausflüge nach Haithabu und zu dem gehobenen Wikingerschiff in Schleswig und fährt den alten Stapelwegen zwischen Ost- und Nordsee nach. Die Kinder sind begeistert von dem Stoff, der prompt ihre Spiele am Strand füttert, und Ulla ist froh, der etwas eintönigen Sommerfrische in ein spannendes Kapitel der Geschichte entkommen zu können, und erholt sich dabei nicht schlecht.

«Und im nächsten Jahr», fragte ich sie, «wenn du alles über die Wikinger weißt, was machst du dann?» – «Vielleicht fahren wir nach Ostfriesland und nehmen uns die Seeräuber vor», sagte sie, «Klaus Störtebeker und die Vitalienbrüder. Vielleicht habe ich aber auch ein wenig mehr Geld, dann fahren wir nach Süddeutschland auf Burgentour. Eine Zeitreise ins Mittelalter.» Ich finde, von Ulla kann man eine Menge lernen. Urlaub ist auch, was man daraus macht.

Gruppenreisen

Reisegruppen sind wie Lotterielose. Man kann einen Hauptgewinn ziehen, aber es gibt auch reichlich Nieten.

Christine, eine Krankenschwester unserer Klinik, entschied sich für eine Gruppenreise, nachdem sie frisch geschieden war. Für neue Zweisamkeit im Urlaub war es ihr zu früh, für Einsamkeit hatte sie nichts übrig. Christine ist schon durch ihren Beruf erfahren im Umgang mit Menschen, sie hat ein offenes, freundliches Wesen – die Gefahr, dass sie schlechte Erfahrungen machen würde, schien minimal. Sie wollte die Scheidung vergessen, keinerlei Organisation und keine Komplikationen im Urlaub haben, sich viel bewegen und den Kummerspeck wieder loswerden, der sich als Folge von Pralinentrost um ihre Hüften gebildet hatte. Deswegen hatte sie eine Reise nur für Frauen gebucht, die einen Tenniskurs für Anfänger einschloss.

Ich war neugierig auf ihre Erlebnisse und besuchte sie an

ihrem ersten Arbeitstag auf eine Tasse Kaffee. Äußerlich wirkte sie gut erholt, straffer und schlanker. «Das bin ich auch», sagte sie, «dank Tennis – Gott sei Dank, dass es den Kurs gab.» Dann erzählte sie ihre tragikomische Geschichte. Mit 14 anderen Frauen saß sie in dem Bus, der sie nach Süden, zu ihrem Urlaubsziel fuhr. Nach weniger als einer halben Stunde hatte sich herausgestellt, dass zwölf von ihnen frisch getrennt waren. «Sie können sich vorstellen, welches Thema diese Fahrt und die folgenden 14 Tage beherrschte, beim Frühstück, beim Mittagessen, beim Abendbrot», sagte sie. «Ich wollte miese Männer für zwei Wochen vergessen. Aber sie waren allgegenwärtig. Ohne den Sport wäre ich verrückt geworden.»

In Reisegruppen, die ein gemeinsames konkretes Interesse verfolgen – Tauchen, Surfen, Skifahren, Whiskybrennereien besichtigen –, ist man, das lässt sich von Christine lernen, besser aufgehoben als in einer Gruppe ohne ein solches Interesse. Denn wenn's mit dem Kontakt und der Kommunikation in der Gruppe nicht klappt, dann bleibt wenigstens noch das eigentliche Ziel der Reise. Wer sich aber auf einen Gruppen-Wanderurlaub in Griechenland einlässt, ohne echtes Interesse an Landschaft und antiken Stätten zu haben, der ist verraten, wenn er am zweiten Tag feststellt, dass er die Mitwanderer so öde findet wie die griechischen Berge im Juli.

Die Gruppenreise, die für den einen ein Albtraum ist, kann für den anderen geradezu paradiesisch sein. Eine Cousine von mir unternimmt Jahr für Jahr lange Busreisen in der Gruppe, sie war in Andalusien, in Portugal, in Griechenland und in der Türkei. Sogar nach Afrika will sie. Selten gibt es auf diesen langen Touren ein individuelles Programm oder Spielraum für eigene Entscheidungen, Pausen oder Besichtigungsmöglichkeiten. Aber genau das schätzt meine Cousine. Die feste Struktur und die zuverlässige Führung geben ihr Sicherheit. Allein und ohne dieses Sicherheitsgefühl würde sie sich auf die meisten dieser Reiseziele gar nicht einlassen. Das Gefühl, sich einer

Fragebogen

Wie geeignet sind Sie für Gruppenreisen?

	Antworten mit Farbstift kennzeichnen: linke Spalte «rot»	rechte Spalte «grün»
Das höchste Urlaubsgut ist für mich, morgens ausschlafen und in Ruhe frühstücken zu können.	ja, stimmt	nein, stimmt nicht
Ich möchte auch mal ganz für mich alleine sein.	ja, stimmt	nein, stimmt nicht
Ich liebe es, immer jemand um mich zu haben.	nein, stimmt nicht	ja, stimmt
Ich finde andere Menschen anregend und interessiere mich für ihre Lebensgeschichten und Alltagssorgen.	nein, stimmt nicht	ja, stimmt
Es nervt mich, wenn ich immer zu vorgegebenen Zeiten mein Essen einnehmen muss.	ja, stimmt	nein, stimmt nicht
Es entlastet mich, wenn ich weiß, wie der nächste Tag geplant ist.	nein, stimmt nicht	ja, stimmt
In einer Gruppe gibt es immer Menschen, die auf meiner Wellenlänge liegen.	nein, stimmt nicht	ja, stimmt
In einer Gruppe kann ich mich auch mal zurückziehen und anderen die Verantwortung überlassen.	nein, stimmt nicht	ja, stimmt
Mich nervt es schon, wenn ich mir nicht aussuchen kann, mit wem ich den nächsten Tag verbringe.	ja, stimmt	nein, stimmt nicht
Ich möchte auch mal einen Tag alleine planen können.	ja, stimmt	nein, stimmt nicht

	Antworten mit Farbstift kennzeichnen: linke Spalte «rot»	rechte Spalte «grün»
Manchmal hänge ich ein bisschen durch, und dann gibt es in einer Gruppe fast immer jemand, der mich da rausholen kann.	nein, stimmt nicht	ja stimmt
Ich möchte im Urlaub auch mal nicht immer der Nette, Aufgeschlossene sein müssen.	ja, stimmt	nein, stimmt nicht
In Gruppen fühle ich mich immer schnell an den Rand gedrängt.	ja, stimmt	nein, stimmt nicht
Ich kann meine Wünsche in einer Gruppe ziemlich schlecht durchsetzen.	ja, stimmt	nein, stimmt nicht
In einer Gruppe fühle ich mich ständig unter Beobachtung stehend, wie ich drauf bin.	ja, stimmt	nein, stimmt nicht
In einer Gruppe kann ich mich fallen lassen, muss nicht ständig den Leithammel oder den Entertainer spielen.	nein, stimmt nicht	ja, stimmt
Gruppen setzen mich irgendwie unter Druck, allen zu zeigen, wie gut ich funktioniere.	ja, stimmt	nein, stimmt nicht
Ich bin, glaube ich, kein sehr sozialer Mensch, mehr als ein bis zwei Personen um mich herum halte ich nicht gut aus.	ja, stimmt	nein, stimmt nicht
Das Gruppengefühl gibt mir zusätzliche Stärke und Energie und ich kann mich gut mitreißen lassen.	nein, stimmt nicht	ja, stimmt
Wie viel «rot», wie viel «grün» zeigt sich?	Begrenzt (rot überwiegt) gruppenfähig	gut (grün überwiegt)

Gruppe auszuliefern, die jetzt über zwei, drei Wochen ihres Lebens verfügt, kommt nicht in ihr auf. Sie genießt es. Schlechte Erfahrungen mit Mitreisenden hat sie nie gemacht – vielleicht, weil diese ähnlich strukturiert sein müssen wie sie selbst. Und obendrein sind diese Reisen natürlich preiswert.

Die schönste Gruppenreise, die ich kenne, unternimmt ein Kollege von mir alle Jahre wieder. Mit sieben alten Freunden, die inzwischen über die ganze Welt verstreut sind, trifft er sich eine Woche zum Wandern. Abwechselnd organisiert einer der acht Strecke und Übernachtungen. Diese Woche mit ihrer Kombination aus Bewegung und Kommunikation, alter Harmonie und neuer Anregung, frischer Luft und kräftigem Essen hat, so versichert mir der Kollege, allerhöchsten Erholungswert. Zur Nachahmung empfohlen.

Gruppenregeln

Wer im Urlaub nicht mit vertrauten Menschen zusammen ist, sondern mit fremden, der sollte ein paar Umgangsregeln beachten.

Bei jeder Kontaktaufnahme und in jeder Gruppe ist es wichtig, den oder die anderen nicht zu überrennen. Seien Sie zurückhaltend mit privaten Mitteilungen. Stopfen Sie die Mitreisenden nicht mit Informationen voll, sonst bringen Sie sie in eine innere Abwehrposition. Die Intensität von Kontakten muss man behutsam steigern. Hören Sie zu. Zeigen Sie Interesse an dem, was erzählt wird. Gehen Sie darauf ein. Gut zuhören können ist genauso wichtig wie gut reden können.

Aber denken Sie auch an Ihre eigenen Bedürfnisse. Sie können und dürfen sich freundlich, aber klar abgrenzen. Nichts ist auf Dauer anstrengender, als alles in der Gruppe zu machen.

Urlaub als Experimentierfeld

Die bisherigen Überlegungen waren diktiert vom Gesetz des Mangels: Man hat seine Energie verbraucht, das Fass ist leer, die Power weg, der Mensch braucht neue Kraft, er nimmt Urlaub.

Vielleicht ist Ihr Mangel aber nicht so massiv? Vielleicht hat auch der Sommerurlaub Ihr Energiefass schon kräftig aufgefüllt, Sie haben im Herbst aber schon wieder Urlaub und fühlen sich gar nicht so erholungsbedürftig? Dann kann es für Ihre Erholungsstrategie auch einen ganz anderen Leitgedanken als den der Mangelbeseitigung geben: Wer mehr Kapital hat, als er zum Leben braucht, kann es bekanntlich investieren und mit ihm einen Zugewinn erzielen. Das gilt nicht nur für Geld, sondern auch für Lebensenergie.

Spielen Sie ein Musikinstrument? Viele meiner Freunde profitieren enorm davon, dass sie sich wenigstens zwei-, dreimal die Woche an ihr Klavier oder ihr Cello setzen und spielen. Stress klingt ab, körperliche Verspannungen lösen sich, die Seele füllt sich mit Harmonie. Andere erzielen ähnliche Effekte durch Golf oder Basketball, chinesisches Schattenboxen oder Yoga, Tennis oder Tanz. Gemeinsam ist allen, dass man zunächst lernen und üben – also investieren – muss, bevor die Freude an der Ausübung – die Rendite – einsetzt. Aber je mehr solcher Freuden es im Leben gibt, desto schöner und gesünder ist es.

In jedem Leben gibt es die Neigung zu Routine und Trott, das heißt auch zu Verkrustungen und Einseitigkeit. Davon sind nicht nur Partnerschaft und die Beziehungen in der Familie bedroht, sondern auch die psychische Gesundheit.

Der Alltag zwingt immer mehr Menschen zum Tunnelblick. Wer Ziele erreichen und Leistungen erbringen will, muss sich auf sie konzentrieren – und andere Lebensaspekte, Probleme, Anregungen oder Ablenkungen ausblenden. Diese

Verengung ist eine Überlebensstrategie, stranguliert aber langfristig das Leben. Man nimmt es nämlich nicht mehr wahr, weil viele Wahrnehmungskanäle abgeschaltet sind. Es ist so ähnlich wie beim Autofahren: Man ist hellwach für die Manöver der anderen Verkehrsteilnehmer, für Ampelsignale und Radarfallen, aber man hat keinen Blick für die prächtige Herbstfärbung der Bäume am Straßenrand. Und im Großraumbüro registriert man zwar aufmerksam die Miene des Vorgesetzten und vielleicht auch noch die Krawatte, die er heute trägt, aber die Befindlichkeitssignale der meisten anderen nimmt man nur dann wahr, wenn ihre Funktionalität beeinträchtigt ist – durch Heiserkeit oder Husten, Weinkrämpfe oder Lachanfälle. Wir *müssen* uns so verhalten, weil wir sonst überflutet würden von Sinnesreizen und mit ihrer Registrierung alle Hände voll zu tun hätten. Ohne die Fähigkeit zum Ausblenden und Abschalten von Wahrnehmungskanälen könnten wir weder Auto fahren noch arbeiten. Wenn die Kanäle aber zu oft und zu lange geschlossen sind, dann sehen wir die gerade aufgeblühten Krokusse nicht, hören den Gesang der Vögel nicht und nehmen die neue Frisur unserer Frau nicht wahr. Unsere Psyche ist angegriffen. Sie erhält zu wenig Nahrung von den Sinnen. Wahrnehmungsvielfalt dagegen stabilisiert die psychische Gesundheit.

In den meisten Menschen scheint es ein Bedürfnis danach zu geben, zeitweilig aus den üblichen Ordnungsstrukturen des Alltags auszubrechen, und die meisten Kulturen haben diesem Bedürfnis Rechnung getragen. Denn jede soziale Ordnung übt Druck aus und verlangt von den Mitgliedern der Gemeinschaft Selbstkontrolle – das heißt Beschneidung von Lebensmöglichkeiten und Verzicht. Für kurze Zeit wird diese Pflicht zum Verzicht in den meisten Kulturen beurlaubt. Spiele, rituelle Feste oder der kollektive Rausch des Karnevals sind solche genehmigten Fluchten aus der Alltagswirklichkeit und Befreiungen von einschnürenden sozialen Regeln.

Dem Rausch folgte dann wieder eine andere Ausprägung von Alltag, die Zeit des Fastens beispielsweise, in der ganz besondere Zwänge und ein spezieller Verzicht herrschen. Das Ende dieser Zeit – Ostern – ist dann wieder wie ein Fest. So war der Jahreslauf unserer Vorfahren von immer wieder wechselnden Vorgaben bestimmt, viel stärker rhythmisiert und in gewisser Hinsicht abwechslungsreicher als das Leben des modernen Büromenschen, der in immergleichen Temperatur- und Lichtverhältnissen lebt und über das ganze Jahr hinweg das gleiche Nahrungs- und Fun-Angebot hat.

Die Sehnsucht nach dem Nicht-Gewöhnlichen, nach dem Ausbruch aus der stereotypen Ordnung der Dinge, aber ist geblieben. Der Sozialwissenschaftler Christoph Hennig hat nachgewiesen, wie sehr heute Urlaub und Freizeit das Erbe der alten Feste angetreten haben und zum Sehnsuchtsbild einer Gegenwelt geworden sind. In ihr sind alle strengen Grenzen des Alltags aufgelöst. Die Kleidungszwänge gelten nicht, soziale Unterschiede schrumpfen, die üblichen Raster des Ortes und der Zeit sind außer Kraft gesetzt, der Körper wird anders erlebt, das Leben wird spielerisch, Erwachsene werden zu Kindern, Kinder blühen auf.

Aber was treibt diese Sehnsucht nach dem Ausbruch, was steckt hinter der Anziehungskraft der Gegenwelt? Das Gleiche, was die Pilgerfahrten der Alten motiviert hat: eine Hoffnung auf Erneuerung. Der Pilger hofft durch das Erreichen seines Ziels und die Begegnung mit dem Heiligtum selbst wieder «heil» und seelisch erneuert zu werden. Genauso erwartet der Reisende heute, aus seinem Urlaub erquickt, verjüngt und wieder geboren heimzukehren, mit der wiedererlangten körperlichen Beweglichkeit und staunenden Empfindungsfähigkeit eines Kindes.

Doch wer sich erneuern will, muss Neues an sich heranlassen und aufnehmen.

Ein Urlaub, der nur aus Ausschlafen und Strandkorb besteht, ist nicht verwerflich oder ungesund. Im Gegenteil: Man braucht solche Pausenerlebnisse, um einem gefährlichen physiologischen Kreislauf zu entkommen. Die Dauerreizungen, die unseren Alltag prägen und die zur teilweisen Abschaltung unserer Wahrnehmungskanäle führen, stumpfen unsere Erlebnisfähigkeit ab. Es ist wie bei einem Trinker, der einen bestimmten Alkoholpegel gar nicht mehr registriert. Und wie der Trinker immer mehr Alkohol braucht, um ihn zu spüren, so braucht der Erlebnis-Stumpfe immer schärfere Reize, um erleben zu können.

Am Ende dieser Spirale steht dann der Wochenendflug nach New York oder der Kurztrip zum Wildwasser-Rafting.

Die einzige Chance zur Rückgewinnung von Erlebnis- und Begeisterungsfähigkeit liegt aber in der Reizreduzierung, nicht in der Reizsteigerung. Strandurlaub mit langen Tagen, die dem Blick auf die Wellen und den Horizont gehören, ist also überaus gesund. Aber er ist auch eindimensional. Nur Teile des Menschen werden erholt. Wer Vielseitigkeit an sich selbst erleben will, muss sie auch um sich herum erleben, muss sich einlassen können auf Menschen, Natur, Kultur, Sport. Das bedeutet Vorbereitung, Arbeit, Investition. Nur wer übt auf dem Klavier, kann irgendwann auch Klavier *spielen*. Nur wer trainiert und nicht dauernd auf den Hintern fällt, hat Freude am Skifahren. Nur wer sich vorbereitet, liest, Informationen sammelt, in Museen geht, wird die besondere Kultur eines fremden Landes erfahren. Je größer die Investition, desto komplexer die Gratifikation. Das Paradoxe daran: Ein solcher Urlaub setzt Erholung voraus.

Dieser Urlaub bietet aber auch eine besondere Chance, sich die mögliche Vielseitigkeit der eigenen Persönlichkeit und des Lebens, die vom Alltag ständig angefressen und zurechtgestutzt wird, zurückzuerobern. Er verlangt eine Investition, aber es ist eine, die sich auszahlt – wie ich am Beispiel meines Freundes Stefan feststellte.

Stefan oder La douce France

Wenn Stefan unsere bescheidene Kantine betrat, ging für ein paar Minuten die Sonne auf. Er hatte immer gute Laune und wusste jeden Tag einen neuen Witz. Doch dann geriet er plötzlich in eine Phase, die ihn irgendwie verschattet wirken ließ. Als wir eines Tages nur zu zweit bei unserem Linseneintopf mit Bockwurst saßen, schüttete er mir sein Herz aus.

Sein Sohn Sebastian machte ihm Kummer. Der besuchte das französische Gymnasium und hatte Schulprobleme, für die er seinen Vater mitverantwortlich machte. Alles drehte sich in dieser Schule um Frankreich, seine Sprache und Kultur; viele Schüler hatten französische oder frankophile Eltern und verbrachten ihre Ferien regelmäßig im Land der Grande Nation. Für Stefan war die Schulwahl aber eine rein pragmatische Entscheidung gewesen. Das Gymnasium hatte einen guten Ruf und lag in der Nähe der Wohnung. Dass sich sein Sohn dort etwas verloren vorkam, betrachtete er als Übergangserscheinung. Stefan sah auch keine Möglichkeit, ihm zu helfen. «Mein Schulfranzösisch ist über zwanzig Jahre alt und seit dem Tod de Gaulles hat mich an Frankreich nur noch der Champagner interessiert.» Stefan war Skandinavien-Fan und freute sich schon Monate im Voraus auf den Sommerurlaub im immer gleichen schwedischen Ferienhaus mit den endlos hellen Abenden und theatralischen Sonnenuntergängen.

Aber zum Glück war Stefan auch ein sensibler Vater, der zu begreifen begann, dass sein Sohn litt. Der fand keinen Zugang zu seiner Schule, zur Sprache, zur Kultur Frankreichs. Der Vater redete lange mit ihm und schlug ihm einen Ferienaufenthalt in einer französischen Familie vor. Sebastian reagierte mit Panik. Er war zwölf, ein sensibles Kind, dessen Ängste in letzter Zeit noch zugenommen hatten. Die Vorstellung, vier Wochen allein in einer fremden Familie weit weg von zu Hause zu verbringen, erschreckte ihn. Stefan war ratlos. Es war

April, kurz nach Ostern, und das Sommerhaus in Schweden war natürlich für den kommenden Juli längst reserviert. Irgendetwas musste geschehen, aber was? Seine Frau und Sebastians jüngerer Bruder freuten sich auf den vertrauten Urlaub in Schweden, es gab dort die Schärenküste und Seen mit kleinen Inseln, zu denen man rudern und Trapper oder Indianer spielen konnte. Stefans Gedanken liefen eine Woche im Kreis herum, und an jedem Morgen sah er Sebastian mit bekümmertem Gesicht in die Schule aufbrechen.

Da fasste Stefan einen Entschluss. Er sagte das Haus in Schweden für diesen Sommer ab, nahm die Stornogebühren in Kauf und beauftragte das Reisebüro, nach Orten in Frankreich zu suchen, an denen man Ferien machen und einen Sprachkurs belegen konnte. Es war nicht ganz einfach, weil die französische Küste im Sommer komplett ausgebucht ist, aber schließlich fand sich doch noch ein Ort in der Bretagne, in dem es eine Sprachschule und ein freies Ferienhaus gab.

Nach dem Abklingen der anfänglichen Proteste gefiel es der Familie dort sogar richtig gut. Und Sebastian fand es super, dass sein Vater jeden Morgen um neun loszog und für vier Stunden die Schulbank drückte, um sein Französisch aufzufrischen. In dieser Zeit waren die Kinder mit ihrer Mutter am Strand, nachmittags machte die ganze Familie Ausflüge und erkundete die Städte und Landschaften der Umgebung und die Kultur des Landes.

Am Ende dieser vier Wochen beglückwünschte Stefan sich zu diesem Urlaub. Sebastian war im Umgang mit der Sprache und Kultur Frankreichs viel sicherer geworden, und Stefan hatte sie neu entdeckt. Er hatte sich einen neuen Horizont erschlossen, an intellektueller Beweglichkeit gewonnen, Spaß bei der Anwendung des frisch Gelernten entwickelt – und seinen Sohn, dem er jetzt auch bei schulischen Schwierigkeiten helfen konnte, zurückgewonnen.

Vieles kann man im Urlaub experimentell verändern, nicht

nur die Stereotypie eingefahrener Bade-, Lese- oder Fernsehgewohnheiten.

Investieren Sie frische Energie in neue Lebensfelder und erobern Sie sich neue Möglichkeiten! Lernen Sie im Urlaub ein Instrument, eine neue Sprache oder Sportart oder die Kunst der Rosenzucht. Entdecken Sie das Land, in das sie fahren, *wirklich*, nicht nur Retsina und Sirtaki, sondern auch Regierungsform, Familienstruktur, Parteien, Gewerkschaften, Geschichte. Sie werden feststellen, dass sich plötzlich Hintergründe enthüllen, Verknüpfungen ergeben, Zusammenhänge sichtbar werden und Sie die Abendnachrichten nach Ihrer Rückkehr besser verstehen und mit größerer Spannung verfolgen.

Entdecken Sie Ihren Partner neu! Schauen Sie sich mal alte Fotos an aus der Zeit, als Sie sich kennen lernten. Sind Sie noch der- oder dieselbe? Geben Sie sich noch so viel Mühe, Ihren Partner zu beeindrucken? Attraktiv auf ihn zu wirken? Und wie wirkt er auf Sie? Nehmen Sie hauptsächlich seine Art wahr, die Zahnpastatube zu strangulieren oder das Frühstücksei zu guillotinieren? Vielleicht ist Ihr Leben zu vertraut und distanzlos geworden. Distanz sorgt auch für Spannung. Machen Sie Ihr Zusammenleben wieder spannend. *Quality Time* mit dem Partner könnte dann auch ein Urlaub in getrennten Zimmern sein – mit dem Ziel, die Anziehungskraft neu zu beleben. Plötzlich gibt es sie wieder, die Frage: Gehen wir zu dir oder zu mir?

Auch ein paar Tage getrennter Urlaub im Jahr kann die Lust aufeinander wieder entfachen.

Quality Time mit den Kindern – vielleicht die wichtigste Investition, die man im Urlaub machen kann. Sie zahlt sich nicht nur mit der Dankbarkeit der Kinder aus, sondern auch mit der Wiederentdeckung der eigenen Spontaneität und spielerischen Kreativität. Allerdings verlangt auch die Reise ins alltagsferne Universum der Kinderphantasien Zeit.

Wenn ich zu Besuch bei meinen kleinen Neffen bin und gerade frisch aus schwierigen Sitzungen oder anstrengendem Alltag komme, fällt es mir schwer, mich auf ihren Befehl «Spielen!» einzulassen. «Piraten spielen!», sagen sie, und mein Kopf fragt: Wo ist das Schiff, wo sind Augenklappen und Säbel, wo ist der Schatz? Der strapazierte Kopf sucht auch im Spiel die Regeln und den Takt des Alltags. Er empfindet es als Verunsicherung, wenn er ohne sie zurechtkommen soll. Die Kinder haben keine Regeln und brauchen keine Hilfsmittel; alles kann in der Phantasie stattfinden. Wenn ich angestrengt bin, bin ich ein schlechter Mitspieler. Ich bin nervös und werde noch nervöser. Wenn ich aber ausgeruht bin, spüre ich plötzlich, wie sich meine eigene Phantasie an der der Kinder entzündet und mir aus dem Spiel mit ihnen Freude und neue Energie zufließen. Und doppelte Freude ist es dann natürlich, wenn man von den Kindern zum «Lieblings-Onkel» ernannt wird.

Manche Väter – Väter mehr als Mütter – stehen sich bei solchen Spielen mit ihren Kindern selbst im Weg, weil sie das Gefühl nicht loswerden, etwas absolut Unwichtiges zu tun und Zeit zu vertrödeln. Da ist ja noch so viel Wichtigeres zu erledigen, sogar im Urlaub! Zeitungen müssen gelesen, Ausflüge geplant, Angebote verglichen werden. Folge: Das Kind bekommt – moderner Ablass – ein Spielzeug, damit es ruhig und beschäftigt ist. Dieses Spielzeug wird dann nicht selten innerhalb kürzester Zeit kaputt gespielt. Nutzen Sie den Urlaub, um dieses Entfremdungs- und Konsum-Ritual zu durchbrechen. Lassen Sie sich ein auf die Phantasie- und Spielebene der Kinder. Seien Sie der Anführer der Abenteuer-Safari ins nächste Wäldchen oder an den Strand, lassen Sie die Kinder dort nach den versteckten Schätzen suchen und nach passendem Strandgut, das sie dann mit dem Taschenmesser in Säbel und Speere, Schiffe und Monster verwandeln. Das ist keine vertrödelte Zeit. Es ist die beste Zeit-Investition, die Sie machen können.

Sie hilft nicht nur Ihren Kindern, sondern auch Ihnen dabei, wieder ein kreativer und kompletter Mensch zu werden.

Eine der merkwürdigsten Beobachtungen: Wenn man Kinder im Kinderzimmer überrascht mit der Frage: «Was macht ihr da?», ist die Antwort häufig: «Nichts.» Dabei sind sie ganz intensiv beschäftigt – mit sich, mit einem Spiel, mit dem Leben, mit etwas, wofür sie keinen Namen wissen. Wer von Kindern diese Selbstversunkenheit wieder lernen kann, ist ein glücklicher Mensch.

Man kann auf vielfältige Weise dazu beitragen, die eigene Vielseitigkeit wieder zu finden. Auch dadurch, dass man sich aktiv Situationen aussetzt, die man sonst passiv erleidet.

Viele Menschen geraten in ihrem Alltag immer wieder in die Lage des Reisenden, dessen Zug plötzlich auf freier Strecke hält. Er weiß weder Ursache noch Dauer des unfahrplanmäßigen Stopps, begreift aber schnell, dass die Ankunft verspätet sein wird. Wird er seinen Anschluss erreichen? Den Termin schaffen? Der Reisende kann nichts machen. Er hat keine Kontrolle über die Situation und kann sie nicht beeinflussen. Deswegen entwickelt er jetzt Stress-Symptome, der Schweiß bricht ihm aus, er spürt Druck im Magen und eine diffuse Angst.

Ein derartiger Kontrollverlust und die damit verbundenen Druck- und Angstgefühle sind für viele Menschen beherrschende Alltagserfahrung. Wenn man sie im Urlaub ausgleichen möchte, bietet sich üblicherweise der Weg an, so etwas wie Kontrollverlust kategorisch auszuschließen. Man würde also am liebsten Urlaub in einem Schweizer Grandhotel machen, vergewissert sich aber auf jeden Fall, dass das gebuchte Hotel sicher und sauber, Kriminalität am Urlaubsort kein Problem, die ärztliche Versorgung im Krankheitsfall gewährleistet und der Rücktransport im Notfall gesichert ist. Dann fährt man schweren Herzens los.

Man kann aber den Alltagsfrust des Kontrollverlustes auch in spielerische Lust verwandeln. Beispielsweise beim Insel-Hopping im herbstlichen Griechenland mit leichtem Gepäck. Kommt das Schiff heute, morgen oder übermorgen? Kommt es überhaupt? Was macht man aus dem zusätzlichen Tag auf der Insel, die man eigentlich gerade verlassen wollte? Rutscht man zwölf Stunden nervös auf dem Stuhl des einzigen Cafés herum, oder schafft man es, diesen Tag als zusätzliche geschenkte Muße zu betrachten? Letzteres wäre das Trainingsziel.

Das Leben der meisten Menschen heute vollzieht sich nach einem festen Takt in rabiater Geschwindigkeit. An diesen Takt sind sie so gewöhnt, dass jede Taktunterbrechung zuerst einmal Unbehagen und Angst verursacht. Der Reisende empfindet beim Halt auf freier Strecke auch dann Druck, wenn es vollkommen egal ist, ob er eine Stunde früher oder später ankommt. Dennoch macht die Unterbrechung des Fahrtaktes es ihm unmöglich, sein eigentlich spannendes Buch weiterzulesen. Er springt auf, sieht aus dem Fenster, läuft auf den Gang, guckt auf die Uhr, wird nervös und immer nervöser. Wer aber seine Seele wieder einmal richtig baumeln lassen will, sollte üben, Unvorhersehbares akzeptieren zu können. Denken Sie sich deswegen Versuchsanordnungen aus, die diese Improvisation als kleine Herausforderung erzwingen. Einfach mal querfeldein in die Landschaft laufen und gucken, wo man hinkommt. Oder – eine meiner Lieblingsbeschäftigungen in neuen Städten – in einer Stadt «verloren gehen», sich treiben lassen vom Menschenstrom, interessanten Gestalten folgen, auf einer Parkbank ausruhen, und dann wieder weiterlaufen, linksherum und rechtsherum und immer so fort, bis die Füße wehtun und die U-Bahn oder das Taxi einen zurückbringt.

Über die Wahrnehmungskanäle und ihre Verstopfung durch die Schlacken des Alltags wurde weiter vorne schon einiges gesagt. Aber auch hier, wo es darum geht, den Urlaub als Experimentierfeld zu empfehlen, soll noch einmal auf die Chance zur Vervollständigung der Wahrnehmungsmöglichkeiten hingewiesen werden.

Machen Sie in Ihrem Urlaub sooft wie möglich kleine Übungen, die verödete Wahrnehmungskanäle wieder öffnen können.

- Legen Sie sich mal eine Stunde auf den Rücken und betrachten Sie die ziehenden Wolken. Welche Tiere können Sie sehen, welche Gesichter, welche Formen?
- Schauen Sie sich einen blühenden Garten an. Welche Farben sehen Sie? Welche Rots, wie viele Gelbs, was für Blaus?
- Schließen Sie auf einer blühenden Sommerwiese die Augen und registrieren Sie die Düfte. Woher kommen sie? Finden Sie es heraus!
- Betrachten Sie das Meer und die Brandung. Welche Farben sehen Sie?
- Setzen Sie sich in ein Straßencafé und betrachten Sie das Treiben auf der Straße.
- Beobachten Sie in einem Café oder Restaurant Paare an anderen Tischen. Welche wirken glücklich? Warum?

10 Urlaub zu Hause

Urlaub zu Hause steht nicht hoch im Kurs. Für die meisten Menschen gilt der Spruch «Ferien ohne Reise ist wie Segeln ohne Wind» und ein Heim-Urlaub als klarer Erholungs-Flop. Das ist aber falsch.

Richtig ist: Die Sinnesorgane des Menschen sind so beschaffen, dass Änderungen stärker wahrgenommen werden als gleich bleibende Zustände. Alles, was sich ändert, wird als «interessanter» und stimulierender registriert. Eine Reise verhilft also normalerweise schneller und deutlicher zu dem ersehnten Bruch mit dem Alltag und seinen Belastungen als der bloße Wegfall der Berufstätigkeit.

Das bestätigt auch eine Untersuchung des «Instituts für Tourismus und Bäderforschung in Nordeuropa», die reisende und nichtreisende Urlauber verglichen hat. «Es zeichnet sich die Tendenz ab, dass die Reisenden kurzfristig von der Reise stärker profitieren im Sinne einer Befindlichkeitsverbesserung». Langfristig aber, so hat diese Studie herausgefunden, war die Befindlichkeitsverbesserung bei den Nichtreisenden stetiger und hielt länger an.

Das darf man aber nicht als generelles Plädoyer für den Urlaub daheim missverstehen, denn die Gruppen der Reisenden und der Nichtreisenden haben deutlich unterschiedliche Bedürfnisse.

Aber jeder, auch der Reisefreudige, kommt irgendwann mal in die Lage, einen Teil seines Urlaubs zu Hause verleben zu müssen. Dieser Urlaub bietet sogar eine ganz besondere Chance. Reisende kehren am Ende des Urlaubs zurück in den Alltag.

Nichtreisende können ihren Alltag verändern und diese Veränderungen in die Nach-Urlaubszeit hinüberretten.

Doch keine Chance ohne Tücke. Der Bruch mit dem Alltag und der erwünschte Perspektivenwechsel, den eine Reise zwangsläufig verursacht, sind für den Nichtreisenden nicht selbstverständlich. Er muss hergestellt werden. Da lauern Fallstricke – wie ich am eigenen Leib erfahren habe.

Michael oder In der eigenen Schlinge gefangen

Acht Tage hatte ich frei – endlich mal. Aber am vierten Tag einen Termin in Hamburg, der von keiner Macht der Welt zu verrücken war. Also nichts mit Mallorca oder Last Minute. Urlaub zu Hause. Warum auch nicht?

Ich begann ihn mit einer zeremoniellen Handlung. Mein Arbeitszimmer mit allem Unerledigten auf dem Schreibtisch schloss ich ab und klebte dann einen großen Zettel auf die Tür, auf dem «Urlaub» stand. Dann setzte ich mich in meinen bequemsten Sessel und begann zu lesen. Literatur über Kreta. Ich kannte die Insel und liebte sie, hatte mich aber wenig mit Geschichte und Kultur befasst. Irgendwann hatte ich erfahren, dass die Einwohner Kretas die höchste Lebenserwartung aller Europäer haben. Faszinierend! Aber was ist die Ursache? Liegt es an den Genen? An der Ernährung? Am Lebensstil? An der Lebenseinstellung?

Mittags ging ich in ein kleines griechisches Restaurant, an dem ich auf meinem Arbeitsweg immer mit dem Auto vorbeifuhr und das besonders einladend auf mich gewirkt hatte. Das war es auch. Ich kam mit dem Wirt ins Gespräch, der nicht von Kreta, sondern von Korfu stammte und behauptete, dass die Menschen dort noch älter würden. «Es liegt an den Oliven», sagte er, «und am Öl.» Dann erzählte er mir von einem großen griechischen Fest, das am gleichen Abend gefeiert würde. Ich ging hin – der erste Abend seit Monaten, den ich mit einer spontanen Unternehmung verbrachte.

Den nächsten Vormittag hatte ich damit zu tun, eine Kiste Orangen zu verarbeiten, die ich auf dem Fest gekauft hatte. In meiner Wohnung duftete es wie in einem Hain. Ich kochte Marmelade und lud für den Abend Freunde zu einer Ente *à l'orange* ein, die mich den Nachmittag über beschäftigte. Ich ging spät schlafen, stand spät auf und fühlte mich wunderbar.

An diesem Vormittag kam die Krise. Sie war rechteckig und blau und trug den Absender des Finanzamts. «Mahnung». Die Steuerunterlagen, verdammt. Ich wusste genau, dass ich nicht mehr dazu kommen würde, wenn ich erst mal wieder im Arbeitsalltag steckte. Also schloss ich seufzend die Tür zu meinem Arbeitszimmer auf und begann, die Belege zusammenzusuchen. Dabei stieß ich auf einen Brief, den ich dringend beantworten musste, und eine Kongressanmeldung, die ich noch nicht abgeschickt hatte. Für den Kongress brauchte ich natürlich auch ein Hotelzimmer – ich rief das Reisebüro an. Als ich mich vom Schreibtisch wieder erhob, war es Abend. Ich hatte Kopfschmerzen, nichts Ordentliches gegessen und keinen Schwung mehr für irgendeine Unternehmung. Ich dachte über diesen «Urlaubstag» nach und fasste einen Entschluss. Das Arbeitszimmer wurde wieder abgeschlossen und der Rest des Urlaubs als unerreichbar für Post und Probleme aus dem Alltag betrachtet.

In den nächsten Tagen ging ich amerikanisch frühstücken und sah mir nachmittags einen englischen Film im Kino an, spielte Tourist in meiner Stadt, besuchte Stadtviertel, in denen ich noch nie gewesen war, machte eine Hafenrundfahrt und sah mir Museen an, die ich nicht kannte.

Kaum ein Mensch ist wirklich Einwohner seiner Stadt oder seines Landkreises. Die meisten leben in einem Segment, gehen immer die gleichen Wege, fahren immer dieselben

Straßen, sehen die immer gleichen Fassaden. Eine Ecke weiter beginnt unbekanntes Terrain. Man muss es nur entdecken.

Den Bruch mit dem Alltag, den Perspektivenwechsel, kann man auf verschiedene Weise herstellen. Beispielsweise, indem man sich für eine gewisse Zeit ein bestimmtes Ernährungsprogramm vornimmt. Oder ein Sportprogramm. Eine neue Sportart, ein Musikinstrument, eine Sprache kann man auch an seinem Heimatort lernen. Mit dem Vorteil sogar, das Lernen dann im Alltag fortzusetzen.

Man kann aber auch eine bewusste Perspektive zu seiner alltäglichen Umgebung entwickeln und sie neu entdecken. Kennen Sie die prächtigen Bildbände «Zu Gast bei...», in denen die Häuser, Küchen und Rezepte berühmter französischer Maler und Dichter vorgestellt werden? Machen Sie es ihnen einfach nach! Dekorieren Sie Ihre Wohnung in Ihrem Stil so prächtig wie möglich, decken Sie den Tisch, kochen Sie drei oder vier Ihrer Lieblingsrezepte, essen Sie die Mahlzeiten mit Freunden auf, fotografieren Sie alles, und gestalten Sie daraus ein Buch oder einen Kalender, den Sie zu Weihnachten verschenken – «Zu Gast bei mir».

Machen Sie sich Lust zu Veränderungen! Holen Sie sich Inspirationen aus Bildbänden und Zeitschriften und gestalten Sie Ihre Wohnung um – und sei es nur auf Zeit. Es ist erfrischend, wenn alles mal anders aussieht. Nehmen Sie das Bild an der Wand noch wahr? Warum hängen Sie es nicht um?

Die meisten Menschen, die Urlaub zu Hause machen, wollen eine Art Alltag *light*. Ein wenig mehr Zeit fürs Hobby. Im Übrigen vertraute Umgebung ohne Wecker am Morgen, ohne Arbeitsstress am Tag und ohne den erschrockenen Blick auf die Uhr am Abend. Dieses Bedürfnis ist völlig legitim. Aber versuchen Sie, daneben auch die Chance zur Bereicherung wahrzunehmen.

11 Erholungsstrategien

Das Urlaubsende

Es sind verschiedene Studien über die Wirkung von Urlaub gemacht worden, die alle zu dem gleichen Ergebnis kommen: Am stärksten sind die positiven Veränderungen, die man an Urlaubern messen kann, nicht am Ende, sondern in der Mitte des Urlaubs. Das kann zum einen daran liegen, dass der Urlaub selbst irgendwann Alltagszüge entwickelt und an positiver Stimulanz verliert. Es hat aber vor allem mit dem «Sonntagabend-Effekt» zu tun.

So wie der Sonntagabend überschattet ist vom bevorstehenden Montagmorgen mit Weckerklingeln, Wochenbeginn und Auftakt zu fünf Tagen Arbeitsstress, so liegt über den letzten Urlaubstagen die Blues-Stimmung des nahenden Alltags. Wenn die Sonntagabend-Krise besonders ausgeprägt und der Blues des Ferienendes besonders melancholisch ist, dann spricht das für Belastungen des Alltags, welche die Rückkehr in ihn schwer erträglich erscheinen lassen. Auch darin sind sich die wissenschaftlichen Untersuchungen einig: «Alltag schlägt Urlaub.» Menschen, die ihren (Arbeits-)Alltag als belastend erleben, so stellte das «Institut für Tourismus und Bäderforschung in Nordeuropa» fest, «empfinden nach Beendigung des Urlaubs schneller wieder eine ähnlich hohe Belastung als Personen, die sich vor Urlaubsbeginn weniger belastet fühlten».

Wenn bei Ihnen ein solcher Fall von vorwegnehmender Nachtrauer nach dem Urlaub vorliegt und der Gedanke an den bevorstehenden Alltag Panikgefühle auslöst, dann sollten Sie dessen Belastungen auf keinen Fall bis zur letzten Sekunde vor Arbeitsbeginn verdrängen. Stellen Sie sich rechtzeitig ein auf die Belastungen, die vor Ihnen liegen. Betrachten Sie sie nüchtern und kritisch. *Jetzt* ist Ihr Energiefass doch voll, Ihr Kräftereservoir aufgefüllt, *jetzt* haben Sie die Chance zu Veränderungen, für die Ihnen in ein paar Wochen vielleicht schon wieder die Kraft fehlt. Bedenken Sie, dass im Durchschnitt deutliche Urlaubswirkungen («weniger müde und gesünder») nur bis zu drei Wochen nach Urlaubsende feststellbar sind. Nutzen Sie also diese Zeit dazu, Ihren Alltag zu entlasten.*

Der Alltag ist immer das Primäre, das Beherrschende des Lebens. Der Urlaub ist Ausgleich auf Zeit. Aber im Alltag kann man leicht «untergehen», es fehlt an Abstand und innerer Distanz, man schafft schwerer, eine Hierarchie der Belastungen festzustellen. Deswegen bietet der Urlaub eine besondere Chance, Sensibilität für das eigene Leben und Strategien für die Veränderung von Lebensbelastungen zu entwickeln.

- Das kann beispielsweise durch Sport geschehen, den man im Urlaub beginnt und dann mitnimmt in den Alltag.
- Das können Veränderungen der Lebensweise oder Ernährung sein, das regelmäßige Frühstück etwa, das einem im Urlaub gut getan hat und das man dann auch zu Hause zur Regel macht.
- Das können auch Veränderungen der Alltagsumgebung in der Wohnung sein. Oft stößt man im Urlaub auf Licht, Farben, Düfte, Dekors, die einem gut tun. Warum holt man sie nicht in seinen Alltag?
- Das können Veränderungen im Partnerumgang sein, das Mehr an Zeit für Gespräche beispielsweise, das im Urlaub zur Verfügung stand und das im Alltag eingeplant werden könnte.

* Anleitungen dazu finden Sie in dem Buch «Wenn die Seele SOS funkt».

- Das kann auch das Flicken eines löchrig gewordenen sozialen Netzes sein, das nach dem Urlaub besonders leicht fällt: Man kommt mit frischem Schwung nach Hause, sieht gut aus und hat Lust, von seinen Erlebnissen zu erzählen, Fotos zu zeigen und gastronomische Erinnerungen nachzukochen. Warum nicht viele Einladungen aussprechen?

Der Urlaubsbeginn

Ebenso wichtig wie das Urlaubsende ist der richtige Umgang mit dem Urlaubsbeginn. Ein Tipp, der seltsam klingt, sich aber als außerordentlich hilfreich erwiesen hat: Fahren Sie nicht am ersten Urlaubstag los! Immer ist mehr zu erledigen, als man gedacht hat. Nehmen Sie sich ausreichend Zeit dafür und kommen Sie nicht völlig erschöpft an Ihrem Urlaubsziel an.

Bei den meisten Menschen, die ich kenne (mich eingeschlossen), staut sich alles, bevor man Arbeit, Stadt und Alltag für drei oder vier Wochen verlässt: unerledigte Restarbeiten, Arzttermine, Erledigungen aller Art, Besorgungen, Vorsorge für Wohnung, Tiere, Pflanzen, Postummeldungen, Kofferpacken usw. Oft entwickelt sich dabei eine innere Haltung, die Durchhalte-Befehle erteilt: Ich muss da durch, darf nicht schlappmachen, muss alte Kräfte mobilisieren. Es ist erstaunlich, welche Reserven dem Körper und der Seele für einen solchen Kraftakt zur Verfügung stehen. Doch wenn der Urlaubsort dann endlich erreicht ist und der Druck wegfällt, klappt der Mensch zusammen. Eine typische Urlaubserscheinung ist die Krankheit, die am dritten Ferientag ausbricht, häufig mit Fieber, grippeartigen Beschwerden, Migräne oder Magen-Darm-Irritationen, aber ohne erkennbare Ursache.

Wer sich den Urlaub nicht gleich zu Beginn mit einer Krankheit verderben will, sollte in der letzten Woche davor auf Entlastung achten, auf ausreichenden Schlaf und vernünftige

Ernährung. Ideal ist nach meinen Erfahrungen ein Puffertag. Alles ist erledigt, die Abreise hat aber noch einen Tag Zeit. Stress klingt aus, Organismus und Psyche beginnen, zur Ruhe zu kommen. Der Start in den Urlaub kann dann wirklich ein Aufbruch in Neues sein, kein hektischer Anhang an Altes.

Vorfreude

Wer klug ist, holt sich ein Stück Urlaubsfreude schon als Vorfreude in den Alltag. Besonders vor Reisen zu einem Ziel, das man noch nicht kennt, kann man sich ihm über längere Zeit lustvoll nähern. Was wird dort gesprochen, gekocht, gedacht, geschrieben? Wen kann man fragen, der schon dort war? Hundert Fragen, denen man nachgehen kann, an denen sich neue Fragen, neue Vorfreuden entzünden.

Spannungsabbau

Eine besondere Erholungsstrategie benötigen Menschen, die ständig auf einem hohen Anspannungspegel leben. Ihr physiologisches System ist einreguliert auf übermäßige Alltagsbelastung und eine extreme Verarbeitung von Informationen und Reizen. Wenn im Urlaub dieses System plötzlich unterfordert wird, reagiert es mit Unruhe.

Da Menschen, die unter solcher Daueranspannung stehen, auch unter einem Verlust von Empfindungsfähigkeit leiden (siehe Kapitel 5 und 6), haben sie offen oder klammheimlich den Wunsch nach einem Kick, der sie wieder etwas spüren lässt. Doch wer von seinem hohen Reizniveau nicht mehr herunterkommt und nach immer neuen, immer stärkeren Reizen verlangt, um sich überhaupt noch empfinden zu können, bricht irgendwann zusammen.

Wenn solche Menschen ein Problembewusstsein von ihrer Lage haben, dann sollten sie sich klarmachen, dass sie wie Süchtige sind und der Urlaub eine Art Entzugsprogramm sein muss. Der Abbau der Stresshormone Adrenalin und Kortisol braucht Zeit, und der Spannungsabbau braucht Gewöhnung. Solche Menschen müssen sich erreichbare Etappenziele setzen: anfangs eine Stunde Muße pro Tag im Liegestuhl, dann zwei usw.

Besonders schwer fällt dieser Spannungsabbau Menschen, welche die ständige Anspannung brauchen, weil sie auf der Flucht vor innerer Leere und einer uneingestandenen, «larvierten» Depression sind. Spannungsabfall bedeutet für sie die Gefahr, dass die Depression offen ausbricht und sie von Angst- und Panikattacken heimgesucht werden. Einfach stillsitzen, relaxen und den Sonnenuntergang genießen können solche Menschen nicht. Das löst fast immer Konflikte mit dem Partner oder der Familie aus und schwächt die psychische Verfassung der Betroffenen noch mehr.

Der beste Weg für solche Menschen, sich selbst zu helfen, ist der, ihre leer laufende Energie in Bewegung umzusetzen. Ideal: so etwas wie das Esel-Trekking, das ich einem Patienten empfohlen habe und das sich als regelrechtes Rettungsprogramm erwies. Einfacher zu realisieren sind Aktivitäten wie: Power-Walking, Bergtouren, Fahrradfahrten. Aber: Sie dürfen nicht nur betäubenden Charakter haben, um die Zeit zu überbrücken, bis der eigentliche Stress wieder beginnt; das Bewegungsprogramm muss dem Ziel dienen, die Systeme herunterzufahren, Erregung ausklingen zu lassen und sich auf das Wagnis der Leere einzulassen. Das eigentliche Trainingsziel heißt Ruhe. Wenn man feststellt, dass man es nicht erreichen kann, weil die Angst vor diesem Ziel zu stark ist, darf man nicht zögern, sich eine professionelle therapeutische Hilfe zu suchen. Sonst führt die fortgesetzte Überbeanspruchung von Körper und Seele irgendwann zur Katastrophe.

Der erste Urlaub zu zweit

Der Zustand des Verliebtseins ist wunderbar. Er ist ein Champagner-Rausch des Glücks, ein Schweben über den Wolken. Aber er ist auch empfindlich und besonders im ersten gemeinsamen Urlaub von jähem Absturz bedroht. Denn nun ist die Nähe nicht mehr dosiert, sondern total. Und neben den Eigenschaften des Partners, die man an ihm liebt, entdeckt man plötzlich andere: dass er bei der Zumessung des Trinkgeldes knauserig ist, dass er im Waschbecken seine Haare hinterlässt und unter der Dusche Geräusche von sich gibt wie ein Nilpferd.

Solche Entdeckungen können verkraftbar, die Liebe kann stärker sein. Bekanntlich ist sie ja manchmal sogar stärker als der Tod. Aber dann sollten die Liebenden wenigstens die Chance haben, sich nicht auch gleichzeitig noch mit fleckigem Nadelfilzteppich im Hotelzimmer, muffigem Service oder einer trübe vermüllten Badebucht herumschlagen zu müssen. Es gibt nicht umsonst besondere Honeymoon-Hotels, in denen frisch Getrauten ein irdisches Paradies auf Zeit geboten wird. Da müssen Sie ja nicht gleich hin. Aber Sie sollten unbedingt darauf achten, dass die äußeren Bedingungen des ersten Urlaubs zu zweit optimal sind.

Es sei denn…

Es sei denn, Sie legen es darauf an, diesen Urlaub zum Bewährungstest für die neue Beziehung zu machen. Wie ist er/sie wirklich? Wie belastbar? Wie humorvoll? Wie fürsorglich, egoistisch, wehleidig oder geizig?

Es gibt keinen schnelleren Weg, das herauszufinden, als die richtige Reise – egal, ob bei einem stürmischen Segeltörn, einer Alpenwanderung, einem Entdeckungstrip durch ein

Land voll islamischer Fundamentalisten oder bei einer Molkekur in Bad Salzuflen. Sorgen Sie dafür, dass für Sie die Versuchsanordnung stimmt und ein gewisses Maß an Spaß und Erholung verspricht. Der Rest findet sich. Vielleicht sogar der richtige Partner.

Sanfter sind andere Varianten des gegenseitigen Erkundens. Im ersten Urlaub zu zweit zeigt *er ihr* seinen Lieblingsurlaubsort. Im nächsten zeigt *sie ihm* ihren. (In beiden Fällen möglichst keinen, in dem man häufig mit einem verflossenen Partner war, sonst liegt man abends zu dritt im Bett.) Man zeigt damit auf unaufdringliche Weise sich, seine Welt und seine Gefühle.

Oder: Beide vergessen, was sie bisher im Urlaub gemacht haben, und beschließen, gemeinsam etwas Neues zu entdecken: einen Kontinent, eine Stadt, eine Safari oder Ferien auf dem Leuchtturm. Das gemeinsame Entdecken verbindet und schmiedet zusammen. Aber das Experiment ist auch ein Wagnis und nicht restlos kalkulierbar.

Grundsätzlich abzuraten ist von einem Urlaub, in dem man den neuen Partner auf einer Reise mit seinen alten Freunden oder Freundinnen begleitet. Das wurde mir spätestens klar, nachdem mir Helga ihre Geschichte erzählt hatte.

Helga oder Wehweh beim Après

«Es war so romantisch», schwärmte mir Helga über ihre erste Begegnung mit Wolfgang vor. Dabei waren sie sich bloß auf dem Flughafen München begegnet, kurz vor dem Abflug nach Hamburg. Sie kannten sich vom Sehen – beide arbeiteten im gleichen Großverlag – und waren deswegen ins Gespräch gekommen: Woher, weshalb, wohin? Firmen-Smalltalk. Nebenher hatte sich dabei herausgestellt, dass Helga schrecklichen Hunger hatte, weil sie ihren Flug mit knapper Not erreicht und keine Zeit mehr für einen Imbiss gehabt hatte. Ob es wohl im Flugzeug etwas gebe, hatte sie ihn hoffnungsvoll gefragt. Er schüttelte bedauernd mit dem Kopf. Dann lächelte er, griff in seine schwarze Kalbsleder-Aktentasche, förderte ein appetitlich verpacktes Mozzarella-Sandwich zutage und überreichte es ihr mit einer angedeuteten Verbeugung. Sie hätte ihn küssen können. Drei Tage später tat sie es. Drei Wochen später beschlossen sie, zusammen in Urlaub zu fahren.

Skiurlaub. Helga konnte nicht Ski fahren. Aber erstens imponierte ihr, dass Wolfgang so sportlich war. Und zweitens redete er ihr alle Besorgnisse locker aus. «Das lernst du doch im Handumdrehen», sagte er: «Und da gibt es neben dem Skifahren ja noch jede Menge Spaß. Wir sind da eine total witzige Truppe.» Das hätte sie vielleicht hellhörig machen sollen.

Die «witzige Truppe» erwies sich vor Ort in dem kleinen Tiroler Bergdorf als Wolfgangs alte Clique, die er seit seinen Schulzeiten kannte und die hauptsächlich über Insider-Witze und Anspielungen auf alte Begebenheiten lachte. Helga kam sich von der ersten Sekunde an nicht dazugehörig vor.

Dass sie nicht dazugehörte, ließ eine Frau sie besonders spüren: Corinna. Wolfgang hatte vor langer Zeit mal ein Verhältnis mit ihr gehabt – es war die klassische Jugendliebe. Aber war es wirklich nur der Rückblick auf selige Jugendzeit, die Corinna so hartnäckig auf den Weißt-du-noch-Geschichten herumreiten ließ? Auf Helga wirkte es eher wie der Auftakt zu einem neuen Flirt. Als sie endlich mit Wolfgang allein in ihrem Doppelzimmer war, stellte sie ihn zur Rede. Wütend. Wolfgang begriff nichts. «Alles Quatsch», sagte er. «Sie ist eben eine alte Freundin, mehr nicht. Dich liebe ich.» Und dann liebte er sie.

Als sie die Augen aufschlug, war Wolfgang schon wach. Sie wollte sich an ihn schmiegen, merkte aber schnell, dass er nicht bei der Sache war. «Sekunde», sagte er geistesabwesend, stand auf und zog die Vorhänge auf. «Klasse», sagte er dann.

«Genau das richtige Wetter.» Ach ja, sie hatte es vergessen oder wollte es vergessen: Nachdem Wolfgang die Freundlichkeit besessen hatte, ihr zwei Tage auf dem Idiotenhügel Gesellschaft zu leisten, wollte er heute endlich mal richtig Ski fahren. Die Clique hatte frühen Aufbruch beschlossen und die Auffahrt zu einem Berg, von dem es eine stundenlange Abfahrt gab. Helga verkroch sich in ihr Plumeau. Wolfgang rasierte sich.

An diesem Tag verweigerte sie den Idiotenhügel. Sie blieb lange im Bett, las, ging dann in die Sauna, machte einen Spaziergang und sah anschließend fern.

Als die Clique am späten Nachmittag wieder auftauchte, sprühte allen das Adrenalin aus den Poren. Sie hatten eine wahnwitzige Abfahrt hinter sich, und jeder erzählte jedem, wie er welche Schwierigkeit gemeistert habe und wie er immer haarscharf am Rand der Katastrophe vorbeigerauscht sei. Alle fielen sich ins Wort und hatten Riesenhunger und irrsinnigen Durst. Und Corinna entwickelte ein ganz besonderes Mitteilungsbedürfnis gegenüber Wolfgang. Und er erwiderte es. Und Helga fiel plötzlich auf, als sie ihn beobachtete, wie wichtigtuerisch er redete und gestikulierte und dabei seine Gulaschsuppe so aß, dass er schlürfte. Schlürfen fand sie furchtbar. Aber Corinna hing an seinen Lippen.

An diesem Abend liebte er sie nicht. Lag es an ihr und den Signalen ihrer Distanziertheit? War er zu müde von der Abfahrt? Hatte er zu viel Vernatsch getrunken?

Den ganzen nächsten Tag musste sie an den verunglückten Abend und sein tristes Ende denken. Sie war traurig. Sie hatte sich auf den Urlaub gefreut. Und sie beschloss, nicht einfach kampflos aufzugeben. Wieder quälte sie sich auf dem Idiotenhügel, und als die Clique gegen Abend von der Piste heimkehrte, da präsentierte Helga sich in ihrem verführerischsten Kleid und Wolfgangs Lieblingsparfüm. Doch er nahm kaum Notiz davon, hatte hauptsächlich Hunger. Und dann hatte er den ganzen Abend wieder ausgesprochen rege Kommunikation mit Corinna. Helga war verletzt. Als Corinna auf der Toilette war, klagte sie Wolfgang, dass ihm seine Ex-Freundin offenbar wichtiger sei als seine aktuelle. Es klang beleidigt und giftig und Wolfgang reagierte entsprechend. Ihre Eifersucht sei albern, donnerte er, Corinna und er seien uralte Freunde, ihr Verhältnis aber ewig her, Helga benehme sich einfach kindisch und sei dabei, ihnen allen den Urlaub zu verderben. Helga wollte entgegnen, wollte erklären, dass sie verletzt sei, weil es zwischen Corinna und ihm so viel Nähe gäbe und er Helga viel weniger Aufmerksamkeit schenke als der Konkurrentin, aber da kam die schon wieder an den Tisch, und das Gespräch erstarb. In Helga und Wolfgang rumorten die unausgesprochenen Worte und Gefühle weiter, aber beide hielten den Mund, und der Abend wurde plötzlich einsilbig. Corinna spürte, dass etwas nicht stimmte, und zog sie auf. Wolfgang reagierte gequält. Helga stand wortlos auf und ging in ihr Zimmer. Sie heulte. Sie wäre froh gewesen, jetzt ein eigenes Zimmer zu haben. Andererseits hoffte sie, Wolfgang würde ihr sofort folgen, sie in den Arm nehmen und trösten. Aber als er endlich kam, schlief sie schon.

«In den nächsten Tagen», erzählte sie mir später, «wuchs die Distanz zwischen uns in jeder Stunde um einen Kilometer.» Helga stellte plötzlich fest, dass Wolfgang Haare aus der Nase wuchsen, dass seine Witze Kalauer und die Gespräche mit seinen Freunden geistlos waren. Schon vor dem Ende des Urlaubs war die Beziehung zu Ende. Trotzdem hatte Helga bis zur letzten Minute in Tirol durchgehalten und auch bis zuletzt versucht, der Fortbewegung auf zwei Brettern etwas abzugewinnen, obwohl ihr innerlich längst klar war, dass sie nie wieder freiwillig in Skiurlaub fahren würde. Nun saß sie da, unerholt und wütend, und fragte sich und mich, was sie falsch gemacht habe.

Da sie die Trennung von Wolfgang inzwischen verwunden hatte, war es leichter, mit ihr offen zu reden, und deswegen sagte ich: «Ich spreche jetzt nicht als Therapeut, sondern als Freund zu dir und bin deswegen ganz deutlich. Du hast beim Fehlermachen die Zwölf geschossen.» Sie nickte düster. «Fang an», sagte sie dann.

«Der größte Fehler», begann ich, «war der, dich überhaupt auf diesen Urlaub einzulassen. An der Aufgabe, sich gleichzeitig vor einem neuen Freund, einem neuen Sport und einer alten Seilschaft zu bewähren, muss jeder scheitern.»

Helga hörte zu und schwieg. «Weiter», sagte sie dann.

«Du bist in eine Defizit-Situation geraten und hast sie durch eigenes Zutun noch verstärkt. Du warst durch deine vermeintliche oder tatsächliche Nebenbuhlerin Corinna unter Druck und hast den verdrängt – bis dir abends die Sicherung durchgebrannt ist. Besser wäre gewesen, mit Wolfgang in einer ruhigen Stunde zu sprechen und ihm deutlich zu sagen, was du empfindest und was du von ihm erwartest. Er hat sich blöd verhalten. Aber dein Verhalten hat ihm kaum eine Chance zur Korrektur gelassen.»

Wieder hatte Helga schweigend zugehört. «Weiter», sagte sie.

«Hast du eigentlich mal mit Corinna gesprochen?» Helga schüttelte den Kopf.

«Warum nicht?» Helga zuckte die Achseln.

«Dritter Fehler», sagte ich. «Vielleicht hätte es in der Sache nichts gebracht. Aber es wäre ein Schritt aus dem Defizit-Gefühl passiven Erduldens gewesen.»

Sie nickte stumm und machte eine Geste, die man als «weiter» interpretieren konnte.

«Dein vierter Fehler war, durchzuhalten. Wenn man merkt, dass man nicht weiterkommt, muss man seine Strategie ändern. In deinem Fall: dich ausklinken, aus dem Clinch, auch aus dem Ski-Pflichtprogramm – stattdessen Dinge tun, die aufbauen, die einem Spaß machen, Sauna, Lesen, andere Kontakte aufbauen. Nötigenfalls wegfahren. Das ist immer noch besser, als ein Stressprogramm durchzuhalten.»

Helga seufzte. «Na, wenigstens kann beim nächsten Urlaub nichts schief gehen», sagte sie dann. «Den mache ich auf jeden Fall allein.»

Ich musste lachen. «Hast du am Freitagabend Zeit? Dann kommst du zum Essen zu mir. Und ich lade Brigitte dazu, eine Mitarbeiterin von mir. Die hat gerade einen Urlaub allein hinter sich und kann darüber erzählen.»

Urlaub allein oder wieder allein

Die meisten Menschen verhalten sich nach einer Trennung oder dem Verlust eines Partners bei ihrer Urlaubsplanung in einem wesentlichen Punkt instinktiv richtig: Sie fahren nicht dorthin, wo sie die vergangenen Urlaube zu zweit verbracht haben. Aber oft sind sie ratlos, welche Alternative sie wählen sollen, und nicht selten machen sie dabei Fehler.

Ein häufiger, weil nahe liegender Fehler ist der Urlaub mit einem befreundeten Paar. «Ach, die arme Irene, was soll sie nur im Sommer machen, nachdem Klaus sie verlassen hat – wollen wir sie nicht mitnehmen?» Irene ist dankbar, und ein unglücklicher Urlaub ist absehbar. Irgendwann am Abend nämlich erhebt sich das befreundete Paar und geht gemeinsam zu Bett, Irene bleibt allein bei ihrem Retsina sitzen und kämpft mit dem Katzenjammer. Oder, auch nicht besser, sie wird zum Konfliktauslöser, weil Mann oder Frau («Irene ist schließlich meine beste Freundin!») sich verpflichtet fühlen, ihr allabendlich Beistand zu leisten.

Bewährt hat sich bei einem Urlaub nach Partnerverlust das Kontrast-Prinzip. War man mit dem Ex immer am Meer, fährt man allein in die Berge. Fuhr man mit ihr nach Nord, fährt man ohne sie nach Süd; reiste man zu zweit ins Allgäu, fährt man allein in die Ferne. Devise: Alles vermeiden, was erinnert; und so viel Innovatives erleben wie möglich.

Wichtig ist, dass dieser erste Urlaub (wieder) allein – auch bei großer Erschöpfung – kein bloßer Leerlauf ist. Beim süßen Nichtstun kommt nämlich fast unvermeidlich das saure Grübeln, kommt der Kampf mit Trauer und Depression. Nehmen Sie sich also etwas vor – das Erreichen eines Ziels, das Erlernen einer Sprache, einen Computer-Kurs oder das Durcharbeiten des Deutschen Schifffahrtsmuseums –, irgendetwas, was Sie beschäftigt, bewegt und bereichert.

Eines aber sollten Sie sich auf gar keinen Fall vornehmen: einen neuen Partner zu finden. Natürlich müssen Sie sich einem neuen Glück nicht verweigern, wenn es Ihnen über den Weg läuft. Aber der Vorsatz der Glücks-Eroberung führt in aller Regel zu Frust, Misserfolg, Niederlagen.

Ideal scheint für den frischen Single der Urlaub in einer lockeren Gruppe oder in einem Club, möglichst mit vielen anderen Single-Existenzen. Doch auch dieser Urlaub kann Tücken haben – sogar dann, wenn er gar nicht in einer Phase von Verlustgefühlen und Trauer stattfindet, sondern ausdrücklich als Urlaub von der Familie geplant ist.

Meiner Mitarbeiterin Brigitte erging es so. Sie hat zwei (besonders nette) Kinder zur Welt gebracht, zweimal sieben Monate gestillt und ungezählte Nächte mit zahnenden, bauch- oder ohrengepeinigten Babys auf dem Arm verbracht. Nebenher hatte sie einen anstrengenden Job zu verkraften und dann auch noch Beziehungsstress, der schließlich in eine Scheidung mündete. Brigittes Kinder waren jetzt vier und sechs Jahre alt, sie selbst war 42 und so ausgepowert, dass sie sich nach einem wirklichen Erholungsurlaub sehnte. Endlich mal ohne Kinder sollte er stattfinden, dafür mit zwei Freundinnen, in einem weißen Haus in Süditalien – nur schlafen, kochen, essen, Wein trinken, lesen, im Schatten liegen und mit zwei wunderbaren Frauen über den Sinn und Unsinn des Lebens reden. Das war der Traum. Alles war fest verabredet. Doch dann kam ein Jobwechsel, alle Termine brachen zusammen und mit ihm die

Planung für diesen Sommerurlaub. Was tun? Ab ins Reisebüro und irgendetwas für den Herbst buchen, dachte sie, am liebsten etwas, wo man allein hinfahren kann, sich aber nicht allein fühlt und möglichst auch noch Wohlfühl-Komfort vorfindet. Sie buchte dann einen «sündhaft teuren» Club-Urlaub in der Türkei, heiß empfohlen von einem Freund, der ihn gerade hinter sich und genossen hatte.

Und dann machte Brigitte eine der merkwürdigsten Urlaubserfahrungen ihres Lebens.

Brigitte oder Die lange Reise zu sich selbst

Es fing damit an, dass sie, je näher der Urlaubsbeginn rückte, desto weniger Lust hatte, wegzufahren. Vier Monate lag die Buchung gerade erst zurück, aber sie war wie die Hinterlassenschaft aus einem anderen Lebensabschnitt. Jetzt wurde Brigitte durch den Urlaub mitten aus einer unabgeschlossenen Arbeit gerissen, die sie ausgesprochen spannend fand, und obendrein aus einer gerade beginnenden zarten Romanze. Und dass sie sich freiwillig von den beiden süßesten Kindern der Welt trennen sollte, das wollte ihr plötzlich überhaupt nicht mehr in den Kopf.

Aber 3500 Mark einfach in den Wind schreiben? Das brachte sie auch nicht fertig. Schweren Herzens ließ sie ihre Kinder in der Obhut des geschiedenen Vaters zurück («diesem Chaoten, der sie ständig ohne Puschen durch die Wohnung flitzen lässt») und fuhr zum Flughafen.

Dort hätte sie am liebsten kehrtgemacht. Alle diese lustigen lärmenden Menschen, die rauchten und Bier tranken und vor lauter Urlaubsfreude strahlten wie Honigkuchenpferde. Verzweifelt suchte Brigitte telefonischen Trost bei ihrer besten Freundin. Die erklärte sie natürlich für völlig verrückt, setzte ihr wortreich auseinander, dass Hundertschaften von jungen

Müttern mit chaotischen Ehemännern sie heftig beneideten, und prophezeite ihr einen phantastischen Urlaub.

Mitten in der Nacht kam sie in der Türkei an, wurde von den Animateuren des Clubs empfangen und auf der Busfahrt zum Club ständig mit «schöne Frau» angeredet. Ihre Laune sank auf den Tiefpunkt.

Sie hob sich auch am Morgen nicht, als sie feststellte, dass die Wege des wunderschönen Parks, auf den sie blickte, von ächzenden Senioren in bunten Jogging-Anzügen bevölkert waren. «Bingo», dachte sie. «Wenn das meine Gesellschaft für die nächsten zwei Wochen sein sollte, dann ist dieser Urlaub wirklich ein Volltreffer.»

Doch es kam noch schlimmer. Ohne es zu ahnen, hatte Brigitte eine «Fit for Fun-Woche» gebucht und war in ein Trainingscamp bewegungswütiger Frauen geraten. Der Tag begann am Morgen mit grellen Trikots, schwitzenden Leibern und dem stereotypen «three-four-five-kick» und endete am Abend mit Gesprächen, die sich um Themen drehten wie: «Tom macht den Body Pump wirklich grandios, findest du nicht auch?» Davor lag ein Fünf-Gänge-Menü, dessen Teilnehmerinnen aber alles außer ein paar Salatblättern verschmähten und statt des All-included-Weins ausschließlich Wasser tranken. Zum Glück stellte sich heraus, dass es noch ein paar andere Sportunwillige gab, sodass sich zwischen ihnen während des Essens zarte solidarische Bande knüpften.

Aber der schwierigste Teil des Tages folgte danach. Bar-Show-Bar-Disko, das war das allabendliche Programm, zu dem es keine Alternative gab. Alleinsein war tabu und eigentlich auch unmöglich, denn das – eigentlich schöne – Zimmer verfügte weder über einen Balkon, auf dem man den Sternenhimmel hätte bewundern können, noch über einen bequemen Sessel, um darin entspannen, lümmeln und lesen zu können. Radio und Fernseher fehlten gleichfalls. Und außerhalb des Clubs? Da lag «die Türkei», wie es ironisch hieß, und da ging man nicht hin, schon gar nicht als Single-Frau. Also Bar–Show–Bar–Disko. «Und alle waren immer super drauf. Alle außer mir.»

Tagsüber verkroch sich Brigitte mit ihrem Buch an den äußersten Zipfel des Traumstrandes, der zum Club gehörte, um den Nachstellungen der Animateure und dem Perma-Sound des Aerobic-Step zu entgehen; abends saß sie schlecht gelaunt und stumm in der Bar und überlegte, ob sie den nächsten Flieger nach Hause nehmen solle.

Was hielt sie ab, eines der zahllosen Clubangebote anzunehmen? Warum lernte sie nicht surfen oder Yoga oder Bogenschießen, warum amüsierte sie sich nicht einfach? «Ich war wie gelähmt, wie betäubt, wie auf einer Insel. Ich war nur in der Lage, mit großen Augen staunend dem Treiben um mich herum zuzusehen.»

Doch dann siegte der Trotz. Hatte sie nicht 3500 sauer verdiente Mark bezahlt? Hatte sie nicht ein Recht darauf, dafür etwas zu bekommen? Also beschloss sie eine Kursänderung um 180 Grad. «Ich stellte mich voll auf das seltsame Leben im Club ein, wurde Teil desselben und warf meine kritische Distanz über Bord. Die Tage verbrachte ich weiterhin überwiegend allein oder mit einem ruhigen Manager, der eine Neigung zur Philosophie hatte, am Strand; und abends stürzte ich mich jetzt, genauso wie alle anderen, kopfüber ins gesellschaftliche Leben. Ich ließ meinen Eispanzer schmelzen und versuchte zu strahlen. Fortan habe ich getanzt und geflirtet und es genossen, wenn sich Männer um mich scharten und mit den Hufen scharrten. Aber reden wir nicht von Erholung.»

Brigitte machte eine lange Pause und trank einen großen Schluck Wein. Helga hatte ihr gebannt zugehört und sich manchmal Lachtränen aus den Augenwinkeln wischen müssen. Jetzt sah sie erst mich und dann Brigitte mit einem Ausdruck von Ratlosigkeit an. «Soll ich nun allein wegfahren oder soll ich das nicht, ist der Club eine Empfehlung oder ist er es nicht?»

Brigitte lachte und sagte dann: «Das hängt ganz von dir ab. Meine Erfahrung ist: So ein Club verstärkt die Stimmung, in der man sowieso schon ist. Wer gut drauf ist, ist dort noch besser drauf. Aber ich war melancholisch und wurde noch melancholischer. Also fahre auf keinen Fall mit mieser Laune in einen Club – es sei denn, du kennst ihn schon und weißt, dass er dich in begeisterte Stimmung versetzen wird. Nimm einen Freund mit oder, besser, eine ganze Clique. Und lass dich ein auf das Angebot dort, sonst bist du verloren. Überwinde deinen inneren Schweinehund und treibe Sport-Sport-Sport und tanze-tanze-tanze und mach einfach mit-mit-mit.»

«Hast du das getan?», fragte Helga.

«Nicht wirklich», sagte Brigitte und lachte wieder. «Mein Cluburlaub war letztlich eine Reise zu mir selbst. Die Tatsache, nach sechs Jahren, die völlig ausgefüllt waren von Kindern, Job, Scheidung und so weiter, plötzlich so furchtbar – ja: furchtbar – viel Zeit für mich selbst zu haben und so viel mit meinen Gedanken allein zu sein, brachte mich dazu, all die seltsamen Dinge, die um mich herum geschahen, hautnah an mich heranzulassen. Jede Begegnung, jedes Erlebnis, jede Beobachtung hatte mit mir zu tun, klang in mir wieder und berührte mich. Ich sah unendlich viele Parallelen zu Episoden meiner Lebensgeschichte und hatte oft das Gefühl, ich erlebte sie noch einmal. Und jetzt hatte ich auch alle Zeit der Welt, darüber nachzudenken, während ich beim «ersten» Erleben eigentlich immer nur mit Krisenmanagement beschäftigt war. Zu Hause ist ja jede Minute ausgefüllt mit Tun und Erledigen und Organisieren und Sich-um-andere-Kümmern – jetzt hatte ich plötzlich die Zeit, Gedanken und Gefühle fließen zu lassen. Wenn ich allein am Strand war und auf das Meer blickte mit seinen ständigen Bewegungen, Veränderungen, Lockungen und Abweisungen, geriet ich manchmal richtig in Trance.»

«Hast du dich eigentlich erholt dabei?», wollte ich wissen.

«Nein», sagte Brigitte. «Eigentlich war es höllisch anstrengend. Aber ich möchte es auch nicht missen als Erfahrung. Denn es war eine andere Art von Anstrengung als die des häuslichen Alltags. Ich hatte es nicht mit Kauferledigungen, Kochen, Kindern und einem chaotischen Vater zu tun, sondern mit mir. Nur mit mir. Dieser Urlaub im Spaß-Club wurde zur Reise in die Tiefen meiner Seele. Das war gut. Aber ich glaube nicht, dass ich es wiederholen möchte.»

«Spannend», sagte Helga. «Ob ich in einen Club fahren soll, weiß ich jetzt aber immer noch nicht.»

«Ein Cluburlaub kann ideal sein», schaltete ich mich ein. «Es gibt dort viele Angebote, mühelose Kontakte, keinen organisatorischen Stress und keine Überraschungen wegen irgendwelcher Extra-Kosten. Aber es kann auch eine Überforderung sein. Wer nach einer Trennung noch mit dem Lecken seiner Wunden oder mit der Verarbeitung irgendeines Lebensereignisses beschäftigt ist, der will nicht pausenlos mit Animation und Kontaktangeboten überschüttet werden. Deswegen rate ich grundsätzlich dazu, einen Club auszuwählen, der auch Ruhe- und Rückzugsmöglichkeiten bietet, ohne dass man dazu immer ins Bett flüchten muss.»

Zwei Monate später bekam ich eine Postkarte von Helga mit Palmen darauf und einem blendend weißen Strand ohne Menschen. «Ich sitze hier fast allein an einem Strand wie dem auf dieser Postkarte», schrieb sie, «das geschwätzige Meer ist mein einziger Animateur. Ich genieße die Ruhe. Aber morgens gehe ich zum Work-out, nachmittags in die Sauna und abends manchmal zum Tanzen. Danke.»

12 Urlaubskrisen

Eifersucht

Eine der häufigsten Urlaubskrisen wird durch Eifersucht ausgelöst.

Es ist Sommer, es ist warm, der Mensch ist braun, fühlt sich wohl in seiner Haut, er ist ausgeruht und attraktiv, lernt neue Menschen kennen und sprüht vor Charme. Ist es nur gute Laune? Oder schon ein Flirt? Für den Partner ist das oft schwer zu unterscheiden. Eine besondere Empfindlichkeit kommt häufig hinzu – sehr verständlich. Elf Monate lang hat man das Alltagsgesicht des Partners gesehen, seine Morgenmuffigkeit und Abendmüdigkeit klaglos ertragen, jetzt wird das strahlende Sonntagsgesicht jemand anderem präsentiert. Ärger keimt auf. Wird anfangs meist runtergeschluckt, reingefressen. Verdirbt die Urlaubslaune. Dann irgendwann die Explosion. Eruptiv wird der Partner mit Vorwürfen überschüttet. Dessen Reaktion: «Das ist doch lächerlich!» Jetzt ist er verstimmt. Darf er denn keine gute Laune und ein wenig Spaß haben? Das gegenseitige Abschotten beginnt. Oder die Eskalation: Jetzt erst recht! Vielleicht beginnen jetzt beide zu flirten, auf Teufel komm raus. Der Spaß daran ist gering. Was zählt, ist nur, dass es den anderen ärgert. Motto: Wenn er es schafft, mich eifersüchtig zu machen, schaff ich das schon lange.

Eifersucht und ihre Folgen sind eine wirklich erstklassige Möglichkeit, sich den Urlaub und jede Erholung zu verderben. Diese Erkenntnis sollte der erste Schritt sein, es nicht so weit kommen zu lassen.

Wenn Sie spüren, dass das Verhalten Ihres Partners Sie ärgert, dann schlucken Sie diesen Ärger auf keinen Fall herunter. Gehen Sie auf ihn zu. Sagen Sie ihm, dass sein Verhalten Ihnen die Urlaubsfreude verdirbt, und bitten Sie ihn, es zu ändern. Aber lassen Sie ihm auch die Chance dazu. Vermeiden Sie deswegen Formulierungen wie: Immer verdirbst du mir... Nie kann man mit dir... Erinnern Sie ihn stattdessen daran, dass es ein *gemeinsamer* Urlaub ist, den Sie gemeinsam ausgesucht und vorbereitet, auf den Sie sich gemeinsam gefreut haben und den Sie jetzt auch mit gemeinsamer Freude erleben wollen.

Und wenn Sie erfolglos bleiben? Dann müssen Sie dafür Sorge tragen, nicht in der passiven Ärger- und Dulder-Rolle hängen zu bleiben. Raus aus der Defizit-Situation! Prüfen Sie, welche Möglichkeiten Sie noch haben, aktiv zu werden, auf den Partner zuzugehen, Wünsche zu äußern, ihn (sanft) in eine von Ihnen gewünschte Richtung zu drängen.

Schlagen Sie besondere Ausflüge vor, Unternehmungen und Erlebnisse, die Sie wieder zusammenführen durch gemeinsames Erleben.

Und wenn alles nichts hilft? Dann haben Sie kein Urlaubs-, sondern ein Partnerproblem. Aber dann dürfen Sie erst recht nicht in passiver Duldung der Situation verharren. Klinken Sie sich aus, notfalls ganz rigoros. Tun Sie Dinge, die Ihnen Spaß machen, die Sie aufbauen, die Sie erholen. Um Erholung soll es Ihnen gehen, auch jetzt noch. Und wenn Sie feststellen, dass Sie es nicht schaffen, dass Eifersucht und Ärger über den Partner Ihnen so zusetzen, dass Erholung unmöglich ist – dann reisen Sie ab!

Lust und Frust

Ein Morgen im Süden. Die Sonne steht schon hoch am Himmel, durch die Lamellen der Jalousie fällt gedämpftes Licht, es ist warm. Seine Hand schiebt sich auf ihre Seite des Bettes, schlüpft unter die leichte Decke, streichelt sanft über ihren Oberschenkel, sucht sich ihren Weg. Ihre Hand kommt und interveniert. Greift seine und schiebt sie zurück auf seine Hälfte des Bettes. Dann dreht sie sich zur Seite und kehrt ihm den Rücken zu. Er steht auf und putzt sich die Zähne.

Für Antje und Gerhard liegt diese Szene schon ein paar Jahre zurück. Inzwischen sind sie glücklich verheiratet und können über die Erinnerung an ihre erste gemeinsame Reise in den Süden lachen. «Aber damals war ich völlig verzweifelt und furchtbar wütend», sagte Gerhard, als wir zusammensaßen und Erfahrungen über schöne und schief gegangene Urlaube austauschten.

«Alles war lustvoll für mich», erzählte Gerhard. «Dieser erste Aufenthalt in Marokko, das orientalisch gewürzte Essen, die exotischen Drinks und die von tausend Aromen geschwängerte Hitze. Alles törnte an. Und sie? Sie ließ mich nicht ran.» Er sprach mit komischer Verzweiflung.

Antje schmunzelte. «Ich war genauso wütend und verzweifelt wie du. Da fährt man der Lust wegen in den ersten gemeinsamen Urlaub, und das Zimmer, das der Herr gebucht hat, verfügt nicht mal über eine Klimaanlage. Schon im Stehen floss mir der Schweiß aus allen Poren, ich fühlte mich verquollen und schrecklich. Und dann will er in dieser Sauna auch noch Sex? Nein danke.»

«Merkwürdig, dass aus euch dann doch ein Paar geworden ist», sage ich. «Wie habt ihr die Situation damals bewältigt?»

«Durch Reden», sagt Antje. «Nachdem er allein und wütend zum Frühstück abgerauscht war, habe ich dagelegen und nachgedacht. Und dann habe ich geduscht, bin in den Frühstücksraum gegangen und habe ihm erklärt, was los ist. Dass ich mich bei dieser Hitze klebrig und schlapp fühle und das Zimmer muffig finde. Dass ich völlig abgetörnt bin und mich wie eine Nutte fühle, wenn er Sex möchte.»

«Ich empfand zwar alles völlig anders», sagt Gerhard. «Aber ich kannte jetzt wenigstens ihre Empfindung und konnte sie akzeptieren. Sie hatte ja nichts mit mir zu tun. Und das Wichtigste war: Ich musste nicht mehr nur mit den Zähnen knirschen. Ich konnte handeln, an der Situation etwas ändern.»

«Was hast du geändert?», fragte ich.

«Zunächst habe ich versucht, ein Zimmer mit Klimaanlage zu bekommen. Unmöglich. In dieser Zeit und in unserer Preisklasse gab es das nicht. Aber wenigstens konnte ich das Zimmer, das Antje muffig fand, gegen ein anderes, besseres tauschen. Und da haben wir dann Ramadan gespielt. Tagsüber alles verdunkelt und verriegelt und erst spätabends die kühle Nachtluft hereingelassen.»

«Zusammen mit diesen merkwürdigen Geräuschen des Orients», ergänzte Antje. «Dem Singsang des Muezzins, dem Hundegekläffe, den fremden Geräuschen der Straße. Es war sehr romantisch, und ich fing an, diese Stunden zu genießen.»

«Dabei ist dann sogar die Lust wieder zu uns zurückgekehrt», sagte Gerhard und grinste. «Ende gut, alles gut.»

Aus der Geschichte von Antje und Gerhard kann man drei wichtige Regeln für den Fall lernen, dass man in eine vergleichbare Lage von Frust-Stau gerät.

- Erstens: Empfindungen müssen erklärt werden. Was nicht ausgesprochen wird, kann auch nicht geändert werden.
- Zweitens: Man ist nie zur Passivität verurteilt. Es gibt immer einen Ansatz zum Handeln und damit zu Veränderungen, man muss ihn nur finden.
- Drittens: Man muss ihn zusammen finden. Gemeinsames Handeln vereint. Statt die Kraft gegeneinander einzusetzen,

wächst wieder das Gefühl: Wir gehören zusammen, wir sitzen in einem Boot.

Das Gleiche gilt übrigens für gemeinsames Lachen. Ein Problem, über das man zusammen lachen kann, ist keins.

Das liebe Geld

Glück ist bekanntlich keine Frage von Geld, auch im Urlaub nicht. Das Glück im Zelt kann größer sein als das im Grandhotel. Gleichwohl führt der Umgang mit Geld oft zu schweren Beeinträchtigungen des Urlaubsglücks, besonders dann, wenn Reise- und Lebenspartner sich darin stark unterscheiden. Diese Erfahrung mussten Jan und Jutta auf besondere Weise machen.

Für dieses Paar hatte ich beinahe so etwas wie Patengefühle, weil sich beide in meiner Abteilung kennen gelernt hatten. Jan hatte gerade seine Facharztausbildung hinter sich, Jutta war Bewegungstherapeutin. Sie lernten sich kennen und lieben und zogen nach einem halben Jahr in eine gemeinsame Wohnung. Deren Renovierung, Einrichtung und der Umzug verschlangen einen Haufen Geld, und als zwei Monate später der Urlaub anstand, da war eigentlich nur eine preiswerte Last-Minute-Reise oder Lüneburger Heide angesagt. Aber da es der erste gemeinsame Urlaub war, sollte er in Erinnerung bleiben, und deswegen beschlossen sie, ihr Bankkonto noch einmal zu strapazieren und ein besonders schönes Hotel in den Cinque Terre an der ligurischen Küste zu buchen.

«Es war wirklich ein Traum», erzählte Jutta. «Ein großzügiges Zimmer mit einem üppigen Himmelbett. Wenn man sich darin aufrichtete, sah man über die Dächer von Monterosso hinweg auf das tintenblaue Mittelmeer.»

Was den Traum perfekt machte, war eine Gruppe anderer

Gäste, die ebenfalls aus Deutschland kamen und sich abends zu einer unterhaltsamen und höchst amüsanten Plauderrunde zusammenfanden, in die Jan und Jutta sofort aufgenommen wurden. Es waren Stammgäste des Hotels, Rechtsanwälte und Geschäftsleute, nett, großzügig und spendabel. Grundsätzlich wurde Prosecco getrunken bei diesen abendlichen Zusammenkünften, und wenn eine Flasche leer war, brachte der Kellner unaufgefordert die nächste. Jan und Jutta waren keine großen Trinker, sie hielten sich zurück und machten sich wegen der Kosten für die zwei, drei Gläser, die sie tranken, keine finanziellen Gedanken. Aber dann bekamen sie mit, dass am Ende des Abends abwechselnd immer einer der Männer den Kellner zu sich winkte und die Rechnung abzeichnete. Und als Jan recherchierte, was eine Flasche dieses Proseccos kostete, da lief es ihm kalt den Rücken hinunter.

Er überschlug, dass so ein Abend nicht unter 400 Mark kostete – viel mehr, als ihr schmales Budget vertrug. Die Rechnung für einen Abend zu übernehmen kam eigentlich nicht in Frage. Es kam aber auch nicht in Frage, sich auf Dauer von den anderen freihalten zu lassen. Was musste das für einen Eindruck machen? Und erst recht kam nicht in Betracht, die abendlichen Zusammenkünfte plötzlich zu meiden. Es gab nicht den geringsten Grund dafür und hätte größte Irritationen ausgelöst. Für Jan schien die Lage so ausweglos, dass er sogar überlegte, einen Krankheitsfall in der Familie vorzuschützen und vorzeitig abzureisen. Jutta erklärte ihn für verrückt. Sie begriff das Problem gar nicht. «Die finden uns nett, wir finden die nett, irgendeiner, dem es nicht wehtut, bezahlt – wo ist das Problem?»

Das Problem war Jan. Sein Selbstwertgefühl ließ es nicht zu, auf Dauer nur der Nehmende zu sein. «Aber wir nehmen nicht nur», protestierte Jutta. «Wir geben auch. Ist dir eigentlich klar, dass ich hübsch bin?» – «Wäre ich sonst mit dir zusammen?», fragte Jan. «Aber was hat das damit zu tun?» – «Es gehört zu dem, was wir geben. Wir geben Schönheit, sympathische Gesellschaft, witzige Erfahrungen, vieles, was bedeutsamer ist als Geld.» – «Wenn schon», sagte Jan, «Geld bleibt Geld.»

Er war das Problem und er blieb es. Und Jutta stand vor der Frage, wie sie damit umgehen sollte. Es zur Prinzipienfrage erheben? Grundsatzklärungen erzwingen? Jutta ist eine lebenskluge Frau und beschloss, sein Problem zu akzeptieren. Er könnte ja auch eine Hasenscharte haben, tröstete sie sich. Und dann versuchte sie, eine Lösung zu finden, die er akzeptieren konnte.

Sie brauchte dafür nicht einmal lange. «Welches Gesetz legt fest, dass wir mit unseren Freunden nur abends und nur hier in diesem teuren Hotel zusammensitzen können?» Jutta machte einen kleinen Streifzug durch die Bars unten im Ort und wurde bald fündig und handelseinig. Am gleichen Abend luden sie ihre abendliche Runde zu einem Picknick ein.

Am nächsten Abend trugen die Frauen zierlich ihre breitesten Hüte, und die Männer schleppten tapfer Körbe mit Brot, Salami, Schinken und Oliven und zwei Kühltaschen mit eiskaltem Landwein und Mineralwasser zu einem Platz, der einen besonders bezaubernden Blick auf die theatralische Szenerie der ligurischen Küste bot und die rot flammende Sonne, die sich anschickte, ihr Abendbad zu nehmen. Alle waren beeindruckt. Es waren andere Gespräche an diesem Abend als die, die sie sonst führten. «Danke, Jan, danke, Jutta», sagten die neuen Freunde, als man sich spät voneinander verabschiedete. «Danke, Jutta», sagte Jan, als sie allein waren. «Danke, Alessandro», sagte Jutta tiefernst. Jan war irritiert. «Wer ist das?» – «Der Besitzer der Bar Centrale», lachte Jutta, «der uns für das komplette Picknick 200 Mark berechnet.» Jan nahm sie in den Arm. «Ist noch ein Schluck übrig, zum Anstoßen?», fragte er. Jutta schüttelte den Kopf. «Die Freunde», seufzte Jan. «Ja», sagte Jutta, «gut, dass wir sie haben. Ich freu mich schon wieder auf morgen Abend.» – «Ich auch», sagte Jan und lächelte.

Alles ist falsch

Bei der Ankunft ist es kalt und regnet. Das gebuchte Zimmer ist klamm und der Heizkörper so kalt wie die Concierge. Beim Betreten des Teppichbodens knistert es, beim Berühren der Türklinke bekommt man einen elektrischen Schlag. Die Dusche tröpfelt, dafür legt sich der Duschvorhang um einen wie ein Präservativ. Im Schrank hängen verbogene Drahtbügel, denen man den Knast als Herstellungsort ansieht. Keine Glühbirne hat mehr als 25 Watt. Das Bett hängt durch und die Bettwäsche besteht aus einer fadenscheinig bezogenen dünnen Kratzwolldecke. Sobald die Sonne sinkt, flieht man zur gebuchten Halbpension. Und stellt fest, dass sie in die Kategorie Körperverletzung gehört.

Jeder erlebt irgendwann einen Urlaubsauftakt dieser Art. Und da in jedem Mensch ein Richter steckt, der Schuldige sucht, folgt ziemlich schnell ein Tribunal. Sein Problem ist, dass es zwei Ankläger, aber weder Verteidiger noch Richter hat.

«Wie konntest du dieses Reiseziel aussuchen?»

«Ich? Du hast gesagt, dass du dieses Jahr in dieses lausige Land willst!» – «Ja, aber nicht, dass ich in dieses miese Hotel möchte. Das hast *du* ausgesucht!»

«Weil *du* zu faul warst, um den Katalog zu studieren, wie immer.» – «Unsinn, weil *du* wieder mal etwas besonders ‹Günstiges› gesucht hast, *du* und deine ewige Schnäppchen-Jagd! Wohin das führt, sieht man ja.»

«Das Grandhotel in Saint-Tropez kann jeder aussuchen, aber bezahlen kann leider nicht jeder.»

«Erinnere mich nicht daran, dass du ein Versager bist.»

«Ach ja? Und wie würdest du *dich* dann bezeichnen?»

«Auf jeden Fall werde *ich* für den nächsten Urlaub das Hotel aussuchen. So was kann ich nämlich.»

«Schön, wenn du wenigstens etwas kannst. Aber ich bin mir nicht sicher, dass es diesen nächsten Urlaub geben wird.»

Und so weiter und so weiter. Die Stimmung an diesem ersten Urlaubsabend und in der Nacht, die ihm folgt, ist so vorstellbar wie der Grad der Erholung, der im anschließenden Urlaub erreicht wird.

Wenn Sie in eine solche Alles-ist-falsch-Situation geraten, dann vermeiden Sie unbedingt den ersten Schritt zur Eskalation. Machen Sie Ihrem Partner auch dann keine Vorwürfe, wenn Sie glauben, Grund dafür zu haben. Betrachten Sie jede Störung Ihres Urlaubs grundsätzlich als gemeinsamen Feind, und fangen Sie sofort an, eine gemeinsame Strategie dagegen zu verabreden. Denn jetzt ist es sowieso zu spät, Sie sitzen bereits im gemeinsamen Boot.

Sie müssen nichts hinnehmen. Nicht einmal schlechtes Wetter. Da ist es eine Einstellungsfrage, ob man ein Glas als halb leer oder halb voll betrachtet. Selbst Dauerregen bietet besondere Chancen – zu langem Verweilen im Bett mit Lust und Liebe, zum Lesen oder Spielen, zu experimentellem Kochen, zum Briefe- oder E-Mail-Schreiben an alte Freunde, zu Sauna und Massage, auch zum Auspendeln und Seele-hängen-Lassen. Wer muss dann noch von schlechtem Wetter sprechen?

Überhaupt nicht hinnehmen müssen Sie schlechte Lebensumstände. Das Zimmer ist mies? Bestehen Sie auf einem anderen! Notfalls auf einem anderen Hotel.

Aber überlegen Sie gemeinsam mit Ihrem Partner genau, was Sie auszusetzen haben und was Sie stattdessen verlangen. Dieses gemeinsame Überlegen macht das Überleben bis zur Veränderung schon um viele Prozente angenehmer – wenn Ihnen gemeinsames Lachen gelingt, kann es sogar besondere Erlebnis- und damit Erholungsqualität haben.

Setzen Sie das, was Sie gemeinsam beschlossen haben, bestimmt, aber freundlich um. So stehen Sie vor sich selbst gut da und vor den Verantwortlichen für Ihre Klagen, die meist ein sensibles Sensorium dafür haben, ob Reklamationen berechtigt sind oder ob sie es mit jemandem zu tun haben, der den Urlaub zum Dauernörgeln ausnutzt.

Solche Querulanten sind selten. Große Reiseveranstalter haben an ihren touristischen Zentren besonders geschultes Personal vor Ort, das 24 Stunden am Tag für Klagen und Kümmernisse ihrer Kunden ansprechbar ist. Aber selbst in der Hochsaison leiden die Mitarbeiter selten unter Überbeanspruchung. Die meisten Touristen sind mit der Wahl und der angetroffenen Realität ihres Urlaubs zufrieden.

Wenn Sie es also aus irgendwelchen Gründen nicht sind, dann zögern Sie keine Sekunde, diese Realität zu verändern. Bei großen Reiseveranstaltern finden Sie hilfsbereiten Service. Bei individuellen Urlaubsarrangements müssen Sie sich selbst durchsetzen. Das ist vielleicht nicht immer ganz leicht. Aber es ist viel besser, als Urlaubsfrust tage- oder gar wochenlang herunterzuschlucken und sich um die verdiente Erholung bringen zu lassen. Besser ein oder zwei richtig unangenehme Tage als vierzehn mit zusammengebissenen Zähnen.

Im schlimmsten Fall – dem, nichts verändern zu können – ist die Abreise empfehlenswerter als das angestrengte Aushalten eines frustrierenden Urlaubs. Der Abbruch ist ein aktives, befreiendes Erlebnis, gibt einem die Kontrolle über die Situation zurück und ist deswegen psychisch besser zu verkraften als ohnmächtiges Ertragen einer unbeeinflussbaren Situation.

Und wenn das nur einer von beiden so sieht und abreisen will, der andere aber lieber bleiben möchte?

Dann muss die Solidarität der Partnerschaft und die Verabredung des gemeinsamen Urlaubs gelten. Wenn er für den einen nicht mehr aushaltbar ist, muss der andere das als unakzeptable Beeinträchtigung des gemeinsamen Urlaubs betrachten. Für die Partnerschaft kann eine solche Urlaubskrise dann sogar ein Gewinn sein.

Alle sind glücklich, nur ich nicht!

Gerade im Urlaub steigt dieses Gefühl häufig in Menschen auf, die allein sind. Die Ablenkung der Arbeit fehlt, die Kommunikation des Alltags. Gleichzeitig wird der Kontrast zur Ferienumwelt, in der alle gesellig und glücklich erscheinen, überscharf wahrgenommen. Grübeleien martern, Traurigkeit lähmt, eine regelrechte Urlaubsdepression kann sich bilden. Da auch die normale Erschöpfung des Alltags wegfällt, treten zusätzlich oft Schlafstörungen auf, die noch weiter in die Depression treiben. Rastlosem nächtlichem Grübeln folgt ein grauer Morgen, an dem auch bei schönstem Sonnenschein die Wolken tief hängen.

Wenn Sie spüren, dass Sie in eine solche Stimmungslage geraten, dann müssen Sie mit aller Energie, die Sie noch aufbringen können, dagegen ankämpfen, tiefer in die Abwärtsspirale zu geraten. Überlassen Sie sich nicht der Passivität! Zwingen Sie sich dazu, in Gang zu kommen. Stehen Sie auf und machen einen langen Spaziergang! Buchen Sie Ausflüge, machen Sie Sport, unternehmen Sie Wanderungen, besuchen Sie die Markthalle der nächstgelegenen Stadt, verabreden Sie sich zu gemeinsamen Unternehmungen, zum Essen, zum Schach- oder Skatspiel – zögern Sie keine Sekunde, den Kampf gegen die depressive Verstimmung aufzunehmen, denn je depressiver Sie werden, desto schneller werden Sie noch depressiver. Und je depressiver Sie werden, desto unattraktiver fühlen Sie sich und sind es für andere. Das macht Kontakte dann noch schwieriger. Wehren Sie also den Anfängen.

13 Erfahrungen

Laufen

Die Erfahrung der Langsamkeit ist auch eine Erfahrung der eigenen Stärke. Man braucht wenig. Einen kleinen Rucksack mit möglichst wenig Inhalt: ein Paar leichte Schuhe für den Abend, Unterwäsche, Socken, drei Hemden, Zahnbürste und Rasierzeug, ein gutes Buch – das reicht für eine Woche. Und dann immer vorwärts. Mit jedem Schritt lässt man altes Leben hinter sich. Alte Ängste. Alte Niederlagen. Der Tag entwickelt seine eigene Dynamik. Man läuft früh, solange es noch kühl ist. Man rastet mittags. Wenn man das Ziel erreicht, ist Feierabend. Aus eigener Kraft, ohne jedes fremde Hilfsmittel, anzukommen ist jeden Tag wieder ein kleiner Triumph. Man läuft am schönsten im Hügelland. Da ist es abwechslungsreich für den Körper und die Augen. Man sieht viel, wenn man geht. Viel mehr, als wenn man fährt. Man sieht auch viel in sich hinein. Man erinnert sich. Man erinnert sich, wie es noch neulich im Auto war, als das Schild am Straßenrand 100 Kilometer bis zum Ziel meldete und man schon leicht das Gas zurücknahm. Jetzt denkt man: vier Tage. Und man denkt es ohne Aufbegehren.

Eine besondere Dimension: einen Weg zu gehen, auf dem schon viele gegangen sind, zum Beispiel die Pilgerroute des Jakobsweges im Norden von Spanien.

Panne

Irgendwo in den Ausläufern der Schwäbischen Alb. Ein Dutzend-Dorf, dessen Namen man nicht registriert auf der Durchfahrt. Plötzlich Alarmzeichen auf dem Armaturenbrett. Der Zylinderkopf! Rumpelstilzchen-Ausbruch. «Das darf doch nicht..., das muss doch...» Dann die Erkenntnis. Hier ist für heute Endstation. Aber wo bin ich? Tiefe Sonntagsstille. Eine Fußgängerin. «Gibt es hier ein Hotel, einen Gasthof?» Bedauerndes Achselzucken. Allerdings gebe es da einen Hof, der im Sommer Zimmer an Feriengäste vermietet. Jetzt ist Oktober. Die Zimmer sind nicht geheizt, die Betten nicht bezogen, die Bäuerin seufzt. Dann heizt sie die Zimmer, bezieht die Betten. Kann man essen gehen? Sie schüttelt den Kopf. Und macht ein Essen. Maultaschen, geschmälzt. Und «Moscht» dazu. Draußen fällt dichter Regen. Ein gutes Gefühl, drinnen zu sein.

Ein Gespräch entspinnt sich. Über das Dorf, seine Bewohner, die Gegend hier. Man ist evangelisch. Im nächsten Dorf sind sie katholisch. Dann ein Dorf weiter wieder evangelisch. Bizarre Hinterlassenschaft des Hinundhers von Reformation und Gegenreformation. Was bedeutet hier Religion heute? Und den Kindern? Das Gespräch wird lang. Spät zu Bett. Tiefer Schlaf unter dicken Daunen. Und noch ein großes Frühstück am Morgen. Als der Abschleppwagen kommt, verlässt man eine kleine neue Heimat.

Gelernt: öfter mal das Unerwartete, Ungeplante zulassen, das Gefühl, ausgesetzt und preisgegeben zu sein, ein kleines Abenteuer zu bestehen und von ihm zu profitieren.

Fernost

Eine Provinzstadt irgendwo in den braunen Lößbergen Zentralchinas. Mittags soll mich ein Dolmetscher und Führer abholen, aber ich habe keine Lust, den Vormittag im Hotel zu verbringen, und spaziere los. Lastwagen pusten Dieselfahnen aus, Fahrradfahrer quirlen durcheinander, viele mit Anhängern und riesigen Lasten darauf, dann ein Markt mit armseligem Angebot. Kaum mehr als Kartoffeln und billige Blechtöpfe. Ich werde hungrig und möchte etwas essen. Überall sind offene Garküchen, aber ist das Essen dort unbedenklich? Vielleicht doch lieber in ein richtiges Restaurant. Aber dann die Erkenntnis, dass ich dort weder die Karte lesen noch etwas bestellen kann. Also zurück zum Hotel. Doch wo ist es? Ich stelle fest, dass ich die Orientierung verloren habe. Ich frage Passanten, spreche den Namen des Hotels in verschiedensten Versionen aus, keiner versteht, was ich will. Allmählich bricht mir der Schweiß aus. Die Situation ist ungefährlich, aber unangenehm. Und ich weiß nicht, wie ich sie beenden kann. Alles, worauf ich mich sonst verlassen kann, Geld, Kreditkarten, Sprachkenntnisse, meine Fähigkeit, auf andere zuzugehen, versagt. Ich bin hilflos wie ein Kind, das im Straßengewühl seine Mama verloren hat. Und begreife plötzlich, wie oft Ausländer bei uns in derselben Lage sind. Die Rettung ist schließlich ein Taxi. Ich steige ein und wiederhole immer wieder das Wort Hotel. Ob der Fahrer mich versteht, weiß ich nicht, aber es gibt nur ein großes Hotel, und wo soll die Langnase schon hinwollen? Er bringt mich hin. Mittags kommt der Dolmetscher. Es folgen hochinteressante Tage. Voll gestopft mit Bildern, Gerüchen, Informationen, Rezepten, Anregungen, kehre ich nach Deutschland zurück.

Gelernt: die Grenzen der Autonomie. Überleben kann man vieles. Wenn man profitieren will, braucht man manchmal Sprach- und Sachkompetenz an seiner Seite.

Safari

Na ja. Wenn man schon mal da ist, kommt man wohl nicht umhin. Dachte ich. Wie im Herbst in München, da muss man auch einmal auf dem Oktoberfest gewesen sein. Genauso sah ich das mit den Elefanten und Giraffen und Nashörnern in Afrika. Kennt man ja alles schon aus dem Zoo. Kann's ja keine Überraschungen geben. Hat man dann halt abgehakt, den Punkt Safari.

Und dann der erste Morgen, der Aufbruch noch fast bei Dunkelheit, die Fahrt im offenen Geländewagen durch frühes Dämmerlicht, der fremde Duft der Savanne – alles anders, als ich es mir vorgestellt hatte. Bewegend. Belebend. Die schwierige Suche nach den Elefanten. Und die Erschütterung, als die Herde dann keine fünfzig Meter vor uns aus dem Busch brach und die Piste überquerte, mindestens zwanzig Tiere, riesig und leichtfüßig und einfach phantastisch. Ein elementares Erlebnis. Mit einem Schlag war aller intellektuelle Müll, der mich die letzten Tage belastet hatte, aus dem Kopf geblasen. Da gab es nur noch die Natur, die so gewaltige Geschöpfe hervorbringt, und mich, der sie dafür bewunderte. Drei Tage im Safari-Park – ein Crash-Kurs in Entspannung und Abstand-Gewinnen vom Alltag.

Das gleiche Erlebnis kann man bei Blauwal-Watching haben oder in einem kanadischen Hotel, das sich auf das Erleben von Küstenstürmen spezialisiert hat. In allen Fällen wird man durch eine Art Bungee-Sprung, durch ein starkes elementares Erlebnis, aus dem Alltag katapultiert und gewinnt sofort Abstand zu seinen Belastungen.

Segeln

Segeln ist reine Seelentherapie. Das Schiff legt ab, und die Probleme bleiben an Land zurück. Jetzt gibt es Wichtigeres. Wie setzt der Strom? Woher weht der Wind? Welchen Kurs können wir anlegen? Wo ist die nächste Tonne? Rauschende Fahrt. Es ist, als ob das Wasser durch die Seele strömt und alle dunklen Ablagerungen auf ihr mitreißt und im Heckwasser versinken lässt. Gute sprunghafte Gespräche, wie beim gemeinsamen Kochen. Zwischendurch ist immer etwas zu tun. Eine Wende zu fahren, ein Segel dicht zu holen, ein anderes Schiff zu kommentieren. Bei solcher Fahrt redet es sich gut über die Fährnisse des Lebens. Am besten zu dritt. Und mit länger werdenden Pausen. Denn da ist die See und der geräumige Himmel über ihr – was gibt es da noch viel zu reden?

Ähnliches erleben andere beim Reiten oder Radwandern, beim Trekking im Hochgebirge oder auf Brandungsspaziergängen.

Kraftort

Ascona zum Beispiel. Am besten im Frühjahr. Oben in den Tälern des Onsernone-Tals herrscht noch frostiger Winter, unten am Ufer des Lago Maggiore blüht es subtropisch. Ein besonderer Erdmagnetismus wurde hier festgestellt, verursacht von den Formationen der Tessiner Gebirgsmassive. Ist er der Grund für die besondere Anziehungskraft? Tatsache ist, dass die Umgebung des Monte Verità seit hundert Jahren Magnet für eine besondere Sorte Menschen ist, Lebensreformer, Astrologen, Traumdeuter, Vegetarier, Pendelschwinger, Wahrsager, Rohköstler, Sonnenanbeter, Künstler, Spinner, Anarchisten. Natürlich kamen dann auch die Bankiers und machten das Leben teuer. Aber dafür kräftigt es. Die Verbindung von hohen

Bergen und weitem See, von nordischer Kühle und südlicher Vegetation, von italienischem Charme und Schweizer Verlässlichkeit schafft ein besonderes Erholungsklima. Es ist wie das Eintauchen in ein großes Wellness-Bad. Und im Sommer flieht man vor Hitze und Trubel am Seeufer hinauf in die stillen Dörfer der Berge, sucht sich die behaglichste Temperatur und wandert von Berzona über den Garina-Pass nach Verscio, wie es Max Frisch in seinem Buch «Der Mensch erscheint im Holozän» beschrieben hat. «Ich habe hauptsächlich mir begütigend zuzureden, mit viel Fleiß und Aufmerksamkeit ja nicht zu viel zu tun», schrieb der Psychoanalytiker C. G. Jung. «Diesen Sommer habe ich etwa zwei Monate gebraucht, um wieder nichts tun zu können.»

Es ist nützlich, wenn man seinen besonderen Kraftort kennt, einen Fleck, der einem schon bei schierer Anwesenheit neue Energie schenkt. Die Erfahrung, dass es solche Orte gibt, hat fast jeder gemacht. Manchmal aber geraten sie wieder in Vergessenheit. Entdecken Sie sie neu!

Kopf und Sinne

Der Mensch, sagte Gottfried Benn, sei «ein armer Hirnhund». Sicher ist: Sein Kopf ist ein eifersüchtiger Herrscher, der sich gern zum Diktator aufschwingt. Alle Empfindungen des Menschen unterwirft er dem, was er selbst an Problemen empfindet, die zu bewältigen, an Nüssen, die zu knacken, an Sorgen, die auszuhalten sind. Der Körper, der diesen Kopf trägt, wird von ihm dann zu einer zusammengeschnürten wesenlosen Rand-Existenz verurteilt, die sich allenfalls durch Regungen wie Hunger, Müdigkeit oder Schmerz bemerkbar machen darf. Und selbst diese Regungen werden oft nur widerstrebend berücksichtigt – Hunger ohne Lust gestillt, Müdigkeit mit Kaffee vertrieben, Schmerz mit Tabletten gestoppt.

Man behält diesen Kopf, wenn man in Urlaub fährt. Und erlebt dann oft den Aufstand der Sinne. Wind, der den Duft des Meeres trägt oder das Aroma von wildem Thymian, die ersten warmen Sonnenstrahlen auf der Haut, den ersten Cappuccino in einem Straßencafé, Schwimmen im Meer, barfuß den Strand entlang oder über eine Wiese gehen, ein Essen mit exotischen Aromen: Vergessene Elemente der Existenz erwachen plötzlich wieder zum Leben. Man spürt sich und seine Vielfalt, fühlt das Leben in vielen Fasern, möchte singen und die Welt umarmen.

Welche Revitalisierung des unterdrückten Körpers am geeignetsten ist, den Kopf abzuschalten, ob dazu eher Sonne oder Schnee, Bewegung oder Muße verhilft, muss jeder für sich selbst herausfinden.

Louisiana

Louisiana habe ich für meinen hoch belasteten und überangespannten Freund Thomas als Urlaubseinstieg empfohlen (siehe Seite 70ff.). Dieser Kunstpark nördlich von Kopenhagen ist ein H armonie stiftendes Miteinander und Ineinander von Natur und Kultur, ein weitläufiger wunderbarer Park voller Pavillons mit Kunst, voller Ausblicke auf den Sund und Einblicke in zeitgenössische Malerei. Die Natur stellt einen Rahmen her, in dem man Muße und innere Ruhe findet, sich mit Kunst zu beschäftigen. Schafft man das, erlebt man einen geradezu märchenhaften Perspektivenwechsel. Plötzlich sind nicht mehr Skulptur und Malerei alltagsferne Exoten, sondern der Alltag selbst ist es – fern, fremd, unbedrohlich, veränderbar.

Es muss natürlich nicht Louisiana sein. Aber es sollte ein Rahmen sein, der einen aufnimmt und zu einem anderen Blick auf den Alltag verhilft.

Eingeweht

Sturm in Dänemark. Es ist spät im Herbst, das Schiff soll zum Winterlager in Schweden, aber nichts geht mehr. Wir liegen fest in einem winzigen Hafen, mit zwei Fischern die einzigen Bewohner eines entlegenen Archipels. Und plötzlich schlägt die Unruhe des «Wir wollen ein Ziel erreichen» in eine große Ruhe um. Hinnehmen, was ist. Der Sturm heult in der Takelage, unter Deck wird gelesen, Tee gekocht, der Duft von Rum verbreitet sich. Der alte Kindertraum, eine Höhle zu haben, in der man geborgen ist vor der Welt. Ein Gefühl tiefer Entspannung und Erholung.

Ähnliche Sehnsüchte lassen Menschen auf winzige Halligen fahren, Urlaub in abgelegenen Blockhäusern Finnlands machen oder die Einsamkeit von Wüstenoasen und Hochgebirgshütten suchen. Eine kleine Grenzerfahrung mit großem Erholungswert.

Lernen

Ein Spanisch-Kurs auf Mallorca. Ohne Schulbänke, dafür mit Rollenspielen, Kartenspielen, Liedern und Entspannungsübungen. Man lernt wie im Schlaf. Und lernt gleichzeitig andere Menschen, die Mitschüler, kennen, anders als bei einer normalen Urlaubsbekanntschaft.

Man gibt sich anders preis beim ersten holprigen Radebrechen, macht dann gemeinsam die Erfahrung von Fortschritt, stützt und stimuliert sich. Nicht nur Kopf und Intellekt profitieren von diesem gemeinsamen lustbetonten Lernen, sondern der ganze Mensch.

Kleine Flucht

Manchmal ist alles zu viel. Zu viel Tagesbelastung, zu viel grauer Himmel, zu viel Verkehr auf den Straßen, zu viele Menschen und Pflichten, die an einem zerren. Ein Gefühl, als ob man Glasscherben im Kopf hat. Und viel zu fern ist der nächste Urlaub. Dann braucht man eine kleine Flucht. Eine Flucht in kleine Verhältnisse.

Menschen in Großstädten, das haben Verhaltensforscher herausgefunden, bewegen sich schneller als Menschen in kleineren Orten, sie maskieren ihren Ausdruck stärker und schirmen sich stärker ab. Seelisch betrachtet steht ihr Leben unter Druck.

Mein Fluchtpunkt aus diesem Druck ist ein kleiner Krabbenfischerhafen in Ostfriesland, das Ferienhaus von Freunden, zwei Stunden zu fahren, gerade richtig, um Distanz zu gewinnen. Beim Aussteigen atme ich tief ein. Der Wind kommt von Westen, vom Meer. Und vor mir liegt ein Morgen ohne Stress und Verkehr. Der Mensch lebt auf.

Kein Wecker beendet den Schlaf, sondern Möwen. Der erste Blick, wenn man die Jalousie hochzieht, fällt in einen riesigen Himmel. Der erste Gang führt zum Hafen. Männer mit Schiffermützen sagen «Moin». Dann zum Bäcker, zum Zeitungsladen. Freundliche Menschen, keine Autos. Nach dem Frühstück ein langer Spaziergang auf dem Deich, Blick bis zum Horizont. Dann Lesen, aber nichts, was ich muss. Abends, wenn die Busausflügler wieder verschwunden sind, hole ich mir frische Krabben. Danach ein Eis am Hafen. Und dann noch so ein Tag. Und ich fühle mich wie nach einer kleinen Runderneuerung.

Wäre ich Landarzt und würde ständig in diesem beschaulichen Hafenstädtchen leben, würde ich vermutlich die andauernde enge Nähe zu meinen Mitmenschen als Druck empfinden. Dann bräuchte ich die kleine Flucht in die umgekehrte Richtung – nach Berlin, Paris oder New York.

Abtauchen

Die See ist ein Spiegel der Seele. Sie reflektiert das Licht und macht selbst dunkle Tage heller. Der Takt mäßig bewegter See entspricht verblüffend genau dem Rhythmus entspannten Atmens. Wasser verursacht das erste Geräusch, das ein menschlicher Embryo in seiner Fruchtblase wahrnimmt. Eintauchen in warmes Wasser ist Rückkehr in Geborgenheit. Man verliert an Gewicht, gewinnt Leichtigkeit, wird getragen, Wasser hebt, strafft, umschmeichelt. Schwimmen ist ein wenig wie Schweben. Man wird los, was nach unten zieht.

Wellness

Yin-Massage, Qi-Massage, Aroma-Kosmetik, Hawaiian Bodywork, Ohrmassage, Fünf Tibeter, Power-Fitness, Aquarobic, Liquid Sound, Wabi Sabi, Tao-Massage, Thalasso – jede Woche wird eine neue Therapie durch die Wellness-Farm getrieben. Schnell auftanken? Vorsicht vor Überforderung und Überfrachtung! Nach dem Probewochenende in einem «Reflexarium» wusste ich kaum noch, wo mir der Kopf stand, so voll gestopft war es mit Wohlfühl- und Entspannungspflichten. Und entsprechend lang war die Rechnung, die ich am Ende bezahlen musste. Seitdem buche ich nie wieder im Voraus, sondern sehe mir das Angebot vor Ort erst einmal kritisch an.

Ein dreifach Hoch dagegen auf mein «Spa» zu Hause um die Ecke. Sauna, Sprudel-Therme, Massage. Ruhe, Rückzug, handyfreie Exklusivität. Das ist wirklich Wellness, und wenn ich es einmal pro Woche für drei Stunden dorthin schaffe, ist das fast wie ein Extra-Urlaubstag. Und obendrein bezahlbar.

Register

Erstellt von Hubert Mania